Mona Schöffler

*Plötzlich pflegebedürftig*

Mona Schöffler

# Plötzlich pflegebedürftig

Was tun,
wenn Eltern oder Angehörige
nicht mehr selbstständig leben können

Kaufmann Verlag

Gesetzliche Änderungen Stand März 2008

*Bibliografische Information Der Deutschen Bibliothek*

Die Deutsche Bibliothek verzeichnet diese Publikation in der Deutschen Nationalbibliografie; detaillierte bibliografische Daten sind im Internet über http://dnb.ddb.de abrufbar.

1. Auflage 2008

Printed in Germany
Umschlaggestaltung: Stefan Heß und Rolf Zilling
unter Verwendung eines Fotos von Thomas Northout © gettyimages
Hergestellt bei Freiburger Graphische Betriebe, Freiburg
ISBN 978-3-7806-3053-7

# Inhalt

# Einleitung

*Frau Meier, 86 Jahre alt, lebte bis vor Kurzem allein in ihrer 2-Zimmer-Wohnung im dritten Stock. Bis auf einen leichten Diabetes ging es ihr gut und sie versorgte sich noch selbstständig. Ihre Tochter, die in der Nähe wohnte, schaute einmal in der Woche vorbei und erledigte die größeren Einkäufe. Das Treppensteigen bereitete Frau Meier zwar Probleme, aber sie hielt sich fit dadurch, wie sie immer sagte. Bis sie eines Tages einen leichten Schlaganfall erlitt und ins Krankenhaus eingeliefert wurde. Während der Reha wurde deutlich, dass sie auch danach dauerhaft auf Unterstützung angewiesen sein würde. Nun fragte sich die Tochter, wie sie die Pflege ihrer Mutter organisieren sollte, welche Hilfen und Möglichkeiten es für sie gäbe und woher sie die ganzen Informationen bekommt.*

Die Notwendigkeit der Pflege eines nahe stehenden hilfebedürftigen Menschen kann sehr plötzlich in unser Leben treten: Ein Unfall oder ein Schlaganfall geschieht plötzlich und unerwartet, und von einer Minute auf die andere ist das ganze Leben verändert. Andere Erkrankungen, insbesondere chronische Leiden im höheren Alter, beginnen leise und fast unbemerkt.

Ein pflegebedürftiges Familienmitglied führt immer auch zu Veränderungen der eigenen Lebensführung und stellt meist eine emotional und auch körperlich starke Belastung dar, insbesondere, wenn die Pflege selbst übernommen wird.

Am Anfang einer solchen Situation stehen oftmals unzählige Fragen, wer die Pflege übernimmt, wie man eine Pflegeeinstufung bekommt oder wie man am besten eine gute Pflegeeinrichtung findet.

Mit diesem Ratgeber möchten wir die verschiedenen Möglichkeiten für die Pflege und Betreuung eines Angehörigen aufzeigen – damit Sie gut informiert sind und die für Sie beste Lösung auswählen können. Denn eine allgemeingültige Lösung gibt es nicht, dazu sind die Ursachen und Rahmenbedingungen einer Pflegesituation zu vielfältig und verschieden.

Von der Pflegeversicherung über die Möglichkeiten einer ambulanten Pflege bei Ihnen zu Hause, über die Unterstützung durch teilstationäre Angebote bis hin zum Umzug in eine Pflegeeinrichtung werden Sie umfassend informiert. Sie finden wichtige Hinweise und Tipps, die Sie bei der Auswahl eines ambulanten Dienstes oder eines Heimes beachten sollten. In den Medien liest man viel von Pflegemängeln und Missständen in der Pflege, aber die Berichte stellen auch immer nur einen Ausschnitt dar und stellen die vielen Pflegekräfte und Einrichtungen unter Verdacht, die eine gute Pflege leisten und sich fürsorglich um ihre Kunden kümmern. Nutzen Sie daher auch die Checklisten mit den Auswahlkriterien im Anhang, sodass Sie der Einrichtung, die Ihren Angehörigen (mit)pflegt, vertrauen können und wissen, dass Sie die bestmögliche Alternative ausgewählt haben.

# 1 Pflegeversicherung – Was ist das?

Pflegebedürftigkeit war vor Einführung der Pflegeversicherung im Jahr 1996 grundsätzlich ein privates Risiko. Bis Ende der 1980er-Jahre existierte kein spezifisches Leistungssystem, obwohl eine Vielzahl von Personen pflegebedürftig war.

Auch der Begriff der Pflegebedürftigkeit wurde erst nach Einführung der Pflegeversicherung einheitlich definiert. Verschiedene Untersuchungen beziffern das ungefähre Ausmaß der Pflegebedürftigkeit in Deutschland: 1980 wurden insgesamt 2,5 Millionen Pflegebedürftige in häuslicher Pflege von Angehörigen oder Pflegediensten versorgt. Anfang der 1990er-Jahre betrug die Anzahl 1,1 Millionen, rund 420 000 wurden in Altenpflegeeinrichtungen und weitere rund 80 000 in Behinderteneinrichtungen betreut.

## Finanzierung der Pflege

Vor Einführung der Pflegeversicherung mussten die Betroffenen mit ihrem Einkommen und Vermögen ihre ambulante oder stationäre Versorgung selbst bezahlen. Da beides häufig zu gering war, um die Kosten – insbesondere der Heimunterbringung – zu tragen, wurden dem Großteil der Pflegebedürftigen sozialstaatliche Leistungen gewährt: Sozialhilfe wurde für pflegebedürftige Heimbewohner zum Regelfall.

Dies war einer der Hauptgründe, warum am 1. 1. 1995 das Pflegeversicherungsgesetz in Kraft trat: Wer pflegebedürftig ist, sollte die finanzielle Hilfe erhalten, die nötig ist, damit er und seine Familie entlastet werden. Das Gesetz sieht vor, dass alle

Krankenversicherten automatisch auch pflegeversichert sind, sodass es sich de facto um eine Pflichtversicherung handelt.

Heute erhalten über zwei Millionen Pflegebedürftige – meist ältere Menschen – jeden Monat Versicherungsleistungen. Davon werden rund 1,4 Millionen, also etwa zwei Drittel, zu Hause und rund 0,7 Millionen in Pflegeeinrichtungen versorgt.

Die Gewährung von Leistungen der Pflegeversicherung ist an drei Bedingungen geknüpft:

- Nur derjenige kann Leistungen erhalten, der auch in der Pflegeversicherung versichert ist. Dies trifft zwar im Prinzip auf alle Krankenversicherten zu, doch wer über das Sozialamt krankenversichert ist, gehört nicht der Pflegeversicherung an. In solchen Fällen muss der Betroffene die Pflegekosten entweder selbst übernehmen oder sie wiederum beim Sozialamt beantragen.
- Seit 1. April 2007 gibt es in der gesetzlichen Krankenversicherung eine Versicherungspflicht zum Abschluss einer Pflegeversicherung. Ab 1. Januar 2009 gilt für jeden Bürger eine Pflicht zur Krankenversicherung. Da somit künftig jeder in Deutschland über eine Absicherung im Pflegefall verfügt, soll ab 2008 die Vorversicherungszeit von fünf auf zwei Jahre verkürzt werden.
- Die dritte Voraussetzung ist die Feststellung einer Pflegebedürftigkeit. Dies ist die größte Hürde, denn die Pflegebedürftigkeit wird geprüft und nach bestimmten Kriterien bewertet. Nicht jeder, der nach allgemeinem Verständnis Hilfe und Betreuung benötigt (z. B. Unterstützung beim täglichen Einkauf oder der Mobilität), ist automatisch pflegebedürftig im Sinne der Pflegeversicherung. Auf diesen Punkt komme ich im weiteren Verlauf dieses Kapitels noch ausführlich zurück.

Auch für privat Krankenversicherte besteht eine Versicherungspflicht in einer privaten Pflegeversicherung. Die Beitragshöhe ist altersabhängig, darf aber den Höchstsatz des Beitrags der gesetzlichen Pflegeversicherung nicht überschreiten.

Was oft vergessen wird: Die Pflegeversicherung ist nur eine „Teilkaskoversicherung". Die Pflegebedürftigen müssen einen Teil der Kosten auch weiterhin selbst tragen.

**Beispielrechnung**

| | |
|---|---|
| Kosten für die Pflege in einer Pflegeeinrichtung: | 2900 Euro/Monat |
| Zuzahlung der Pflegeversicherung (Pflegestufe 3): | 1432 Euro/Monat (Stand 2007) |
| Eigenanteil: | 1468 Euro/Monat |

Der Eigenanteil setzt sich aus verschiedenen Beträgen wie Kosten für Unterkunft und Verpflegung sowie Investitionskosten zusammen (siehe Kapitel 4).

Im häuslichen Bereich leisten oftmals die Angehörigen einen – unentgeltlichen – Beitrag zur Pflege. Durch die Einführung der Pflegeversicherung ist die pflegebedingte Sozialhilfeabhängigkeit erheblich verringert worden. Derzeit benötigen nur noch rund 25 % der Pflegebedürftigen in Altenpflegeeinrichtungen zusätzliche Sozialhilfe, bei den Pflegebedürftigen in häuslicher Pflege sind es sogar nur 5 %.

Die Pflegeversicherung erlaubt die freie Wahl zwischen der Pflege zu Hause oder in einem Heim. Allerdings wurde vom Gesetzgeber das Ziel „ambulant vor stationär" formuliert. Es gibt also so etwas wie eine Rangfolge der einzelnen Leistungen, welche die Pflegeversicherung finanziert.

Zunächst soll ambulante Hilfe, die den Verbleib in den eigenen vier Wänden ermöglicht, in Anspruch genommen werden. Zur Unterstützung der häuslichen Pflege gibt es sogenannte teilstationäre Leistungen. Dazu gehören die Kurzzeitpflege, z. B. wenn die Pflegeperson in Urlaub fährt oder einmal selbst krank wird, und die Tagespflege, bei der der Pflegebedürftige stundenweise in einer Pflegeeinrichtung betreut wird. Erst wenn diese Form der Versorgung nicht mehr ausreichend ist, kommt eine vollstationäre Betreuung in Betracht.

## Wer kann Leistungen der Pflegeversicherung beanspruchen?

Wenn Ihr Angehöriger Leistungen der Pflegeversicherung in Anspruch nehmen möchte, muss er oder sie die Mindestversicherungsdauer erreicht haben und gemäß den gesetzlichen Bestimmungen pflegebedürftig sein. Eine bestimmte Krankheit ist für die Anerkennung einer Pflegebedürftigkeit nicht Voraussetzung.

Als pflegebedürftig im Sinne des Sozialgesetzbuchs (SGB XI), die die Gesetzesgrundlage für die soziale Pflegeversicherung ist, gelten Personen, die wegen einer

- körperlichen,
- geistigen oder
- seelischen Krankheit oder Behinderung für die gewöhnlichen und regelmäßig wiederkehrenden Verrichtungen im Ablauf des täglichen Lebens auf Dauer, mindestens jedoch voraus-

sichtlich für sechs Monate, in erheblichem Maße Hilfe benötigen.

**Was bedeutet das im Einzelnen?**

„Verrichtungen im Ablauf des täglichen Lebens" sind Tätigkeiten

- der Körperpflege,
- der Ernährung,
- der Mobilität und
- der hauswirtschaftlichen Versorgung.

Entscheidend für eine Einstufung als pflegebedürftig sind sogenannte Funktionsstörungen, die durch Krankheiten oder Behinderungen ausgelöst werden und die einen bestimmten Hilfebedarf auslösen. Wichtig sind also die konkreten Beeinträchtigungen, die eine Krankheit mit sich bringt – eine bestimmte Diagnose allein definiert noch keinen Pflegebedarf.

*Frau K. hatte einen linksseitigen Schlaganfall und leichte Bewegungsbeeinträchtigungen. In der Rehabilitation lernt sie, ihre linke Körperhälfte wieder zu bewegen, sodass sie recht gut in der Lage ist, sich selbst zu waschen und anzuziehen. Für eine Einstufung in eine Pflegestufe wären ihre Funktionsstörungen nicht erheblich genug.*

*Frau S. hat sich ein Bein gebrochen und kann sich nicht selbst versorgen. Sie braucht jemanden, der ihr beim Waschen und Anziehen hilft. Da der Hilfebedarf wahrscheinlich nicht länger als sechs Monate besteht, hat sie keinen Anspruch auf Leistungen der Pflegeversicherung.*

Zudem werden Leistungen erst erbracht, wenn der Hilfebedarf täglich über 90 Minuten liegt und dauerhaft notwendig ist.

*Herr W. lebt, seit seine Frau verstorben ist, allein in dem großen Haus. Er ist körperlich gebrechlich und benötigt Hilfe beim Ankleiden und Waschen sowie im Haushalt. Da jedoch sein Hilfebedarf keine 90 Minuten täglich beträgt, erhält er keine Unterstützung durch die Pflegeversicherung und müsste eine Pflegeperson oder Haushaltshilfe privat bezahlen.*

Das Pflegeversicherungsgesetz unterscheidet zwischen drei Pflegestufen. Welche Pflegestufe für einen Pflegebedürftigen gilt, richtet sich immer danach, wie viel und wie oft Hilfe nötig ist. Dazu werden die folgenden Tätigkeiten betrachtet:

**Vier Bereiche der Verrichtungen des täglichen Lebens**

| *Körperpflege* | *Ernährung* | *Mobilität* | *Hauswirtschaftliche Versorgung* |
|---|---|---|---|
| Waschen, auch Vor- und Nachbereitung sowie Haare waschen | Portionen in mundgerechte Stücke schneiden | Aufstehen | Einkaufen |
| Duschen, Vor- und Nachbereitung sowie Abtrocknen | Aufnahme der Nahrung | Zu Bett gehen | Kochen |
| Baden, Vor- und Nachbereitung sowie Abtrocknen | | An- und Auskleiden | Reinigung |

| *Körperpflege* | *Ernährung* | *Mobilität* | *Hauswirtschaftliche Versorgung* |
|---|---|---|---|
| Zahnpflege, auch die Reinigung von Zahnersatz und Mundpflege | | Gehen | Abwaschen |
| Kämmen/Bürsten | | Stehen | Wechsel und Waschen der Wäsche und Kleidung |
| Rasieren | | Treppen steigen | Heizen |
| Blasen- und Darmentleerung | | Verlassen und Wiederaufsuchen der Wohnung | |

Diese täglichen Verrichtungen sieht der Gesetzgeber als wichtig für die Feststellung einer Pflegebedürftigkeit an. Andere Tätigkeiten, bei denen eventuell auch ein Hilfebedarf vorliegt, z.B. Kommunikation, werden nicht berücksichtigt. Dies trifft besonders psychisch kranke Senioren, deren Hilfebedarf weniger im körperlichen Bereich liegt. Probleme ergeben sich bei diesen Menschen deshalb, weil die Vorschriften der Pflegeversicherung vom Leitbild eines körperlich pflegebedürftigen Menschen ausgehen. Der Hilfebedarf der Menschen, die eine Lebensbegleitung, eine Hilfe bei der Bewältigung des täglichen Lebens (Unterstützung, Beaufsichtigung, Kontrolle) bedürfen und keine körperliche Pflege, wird nicht berücksichtigt. Für die Frage der Pflegebedürftigkeit ist ausschließlich der Hilfebedarf bei den im Gesetz ausdrücklich genannten Verrichtungen maßgebend.

Der Betreuungsbetrag, den seit der Pflegeversicherungsreform auch Personen der sogenannten Pflegestufe 0 erhalten können, wird von 460 Euro jährlich auf bis zu 200 Euro monatlich (2 400 Euro jährlich) angehoben. Dies wird den Menschen helfen, verstärkt Angebote der Tages- und Nachtpflege und niedrigschwellige Angebote wie z. B. Betreuungsgruppen für Demenzkranke, Helferinnenkreise zur stundenweisen Entlastung pflegender Angehöriger im häuslichen Bereich, Tagesbetreuung in Kleingruppen und Einzelbetreuung durch anerkannte Helfer in Anspruch zu nehmen.

Nägel und Haare schneiden sind keine täglich wiederkehrenden Verrichtungen und daher nicht in der Tätigkeitsliste enthalten. Auch ein bloßer Hilfebedarf bei der hauswirtschaftlichen Versorgung begründet noch keinen Anspruch auf Pflegegeld.

Um den zeitlichen Aufwand zu berechnen, wird immer die Zeit zugrunde gelegt, die eine Laien-Pflegekraft, zum Beispiel eine Familienangehörige, benötigen würde. Es wird hier also kein Unterschied zwischen Laien und professionellen Pflegekräften gemacht.

Die Pflegemaßnahmen sollen nach Möglichkeit, so schreiben es die Begutachtungsrichtlinien vor, aktivierend sein. Das bedeutet, dass nicht in jedem Fall Tätigkeiten von Pflegepersonen ganz oder teilweise übernommen werden. Auch Anleitung und Beaufsichtigung können einen pflegerelevanten Bedarf darstellen, denn im Vordergrund stehen der Erhalt bzw. die Wiedererlangung der Selbstständigkeit des Pflegebedürftigen. Das ist besonders dann wichtig, wenn Personen körperlich noch in der Lage sind, sich etwa zu waschen oder anzuziehen, aber aufgrund psychischer Erkrankungen, z. B. einer Demenz, die Handlungen nicht mehr in der richtigen Reihenfolge koordinieren können.

In diesem Sinne lassen sich verschiedene Formen der Hilfeleistung unterscheiden:

- Unterstützung
- Teilweise Übernahme
- Vollständige Übernahme
- Beaufsichtigung
- Anleitung

### Unterstützung

*Herr G. kann sich trotz seiner Unterschenkelamputation allein vom Bett in seinen Rollstuhl setzen. Dafür muss aber die Pflegeperson den Rollstuhl ans Bett stellen.*

### Teilweise Übernahme

*Frau Z. ist gehbehindert. Sie kann sich alleine waschen, wenn eine Pflegeperson sie ans Waschbecken gesetzt hat. Für das Waschen des Rückens und Intimbereichs braucht sie die Unterstützung durch eine Pflegeperson.*

### Vollständige Übernahme

*Herr T. ist durch einen Schlaganfall halbseitig gelähmt. Ein Pfleger muss ihn morgens waschen und anziehen. Er ist also nicht mehr in der Lage, seine Körperpflege ganz oder teilweise selbst auszuführen.*

### Beaufsichtigung

*Frau G. leidet an Demenz. Sie kann sich noch alleine waschen, erkennt aber zum Beispiel die Seife nicht mehr und nimmt sie in den Mund. Es besteht eine Selbstgefährdung, sodass sie einer durch eine Pflegeperson beaufsichtigt werden muss.*

### Anleitung

*Herr W. leidet ebenfalls an Demenz. Er weiß nicht mehr, was er mit einem Besteck anfangen soll, ist aber theoretisch in der Lage, es zu benutzen. Nur mit Hilfe einer Anleitung oder eines Vorbilds kann er mit Messer und Gabel essen.*

## Die verschiedenen Pflegestufen

Es gibt drei – bzw. inoffiziell vier – Pflegestufen. In Ausnahmefällen kommt eine sogenannte Härtefallregelung hinzu. Bei jeder der drei Pflegestufen sowie der Härtefallregelung werden unterschiedlich gestaffelte Beträge gezahlt.

### Inoffizielle „Pflegestufe 0"

Wer pflegebedürftig ist, aber keine Hilfe im gesetzlich festgelegten Mindestumfang für die Pflegestufe 1 benötigt, gehört der inoffiziellen Pflegestufe 0 an.
Dazu gehören Personen, die
- voraussichtlich weniger als sechs Monate pflegebedürftig sind,
- deren täglicher Hilfebedarf unter dem der Pflegestufe 1 liegt oder
- die Hilfe bei anderen Tätigkeiten als den sogenannten „Katalogverrichtungen“ benötigen, z. B. allgemeine Beaufsichti-

gung, Hilfe bei der Kommunikation, Freizeit oder Erwerbstätigkeit.

Auch wer ausschließlich hauswirtschaftliche Hilfe benötigt, hat keinen Anspruch auf Leistungen. Denn zunächst muss der grundpflegerische Bedarf die geforderte Mindestzeit erreichen, dann erst wird der hauswirtschaftliche Bedarf – zusätzlich – hinzugerechnet.

Wenn Pflegebedürftige der Stufe 0 die notwendige Hilfe nicht durch Angehörige oder andere ehrenamtliche Helfer decken können, können sie eventuell Sozialleistungen beantragen. Denn für das Sozialamt gilt das Prinzip der Bedarfsdeckung. Unter bestimmten Umständen haben Sie auch einen Anspruch auf die Leistung einer Haushaltshilfe. Dies ist z. B. der Fall, wenn keine andere Person im Haushalt lebt und durch eine Haushaltshilfe ein Krankenhausaufenthalt vermieden werden kann. Erkundigen Sie sich am besten bei Ihrer Krankenkasse nach den genauen Bedingungen für Ihren Fall.

## Pflegestufe 1: erheblich pflegebedürftig

Was die Pflegeversicherung „erheblich pflegebedürftig" nennt, würde man im allgemeinen Sprachgebrauch eher als „leicht pflegebedürftig" bezeichnen.

Voraussetzung für eine Einordnung in diese Pflegestufe ist,

- dass mindestens einmal täglich ein Hilfebedarf bei wenigstens zwei Verrichtungen aus den Bereichen Körperpflege, Ernährung oder Mobilität sowie
- mehrfach wöchentlich bei der hauswirtschaftlichen Versorgung besteht.

- Es muss ein täglicher Zeitaufwand von mindestens 90 Minuten vorliegen.
- Auf die Grundpflege (Körperpflege, Ernährung, Mobilität) müssen dabei einmal täglich mindestens 46 Minuten entfallen.

*Herr T. leidet an Arthrose und kann sich nicht gut bewegen. Er benötigt Unterstützung beim Waschen, Anziehen und Rasieren. Auch das Kochen und Wäsche waschen kann er nicht mehr allein sicherstellen.*

*Die Voraussetzungen für eine Einstufung in Stufe 1 liegen vor, da Herr T. drei Verrichtungen aus den Bereichen Köperpflege und Mobilität und auch die hauswirtschaftliche Versorgung nicht mehr selbst leisten kann.*

*Auch Frau I. hat nach einem Oberschenkelhalsbruch Probleme, sich zu bewegen. Sie versorgt sich noch allein, nur das Baden klappt nicht mehr gut, da sie nicht mehr allein in die Wanne kommt. Auch das Einkaufen fällt ihr schwer, da sie die Einkaufstaschen nicht mehr gut in ihre Wohnung tragen kann.*

*Die Voraussetzungen für eine Einstufung sind nicht erfüllt, da der Hilfebedarf nur bei einer Verrichtung sowie der hauswirtschaftlichen Versorgung besteht.*

### Pflegestufe 2: schwer pflegebedürftig

Der Unterschied zwischen Pflegestufe 1 und 2 besteht hauptsächlich im Zeitaufwand bzw. in der Häufigkeit der Hilfe: Sie muss mindestens dreimal zu verschiedenen Tageszeiten erfolgen.

Um Leistungen gemäß Pflegestufe 2 zu bekommen, muss

- ein Zeitaufwand von mindestens drei Stunden täglich vorliegen,
- davon müssen insgesamt mindestens zwei Stunden auf die Grundpflege (Körperpflege, Ernährung, Mobilität) entfallen, die dreimal täglich erforderlich sein muss.
- Zusätzlich muss mehrfach in der Woche Hilfe bei der hauswirtschaftlichen Versorgung anfallen.

*Herr G. leidet an den Spätfolgen eines Schlaganfalls. Er wird von seiner Frau und einem ambulanten Pflegedienst betreut. Die Krankenschwester versorgt ihn morgens, wäscht ihn, zieht ihn an und setzt ihn in den Rollstuhl. Seine Frau bereitet tagsüber die Mahlzeiten zu und reicht ihm das Essen. Abends kommt nochmals der Pflegedienst, um Herrn G. für die Nacht fertig zu machen und ins Bett zu bringen.*

*Es liegt also ein Hilfebedarf zu drei verschiedenen Zeiten am Tag sowie die hauswirtschaftliche Versorgung vor, sodass Herr G. in Pflegestufe 2 eingestuft wird.*

*Herr H. hat eine Armamputation und benötigt daher morgens und abends Hilfe beim Waschen, Anziehen und Rasieren. Er versorgt sich ansonsten noch weitgehend selbst, nur beim Putzen und Waschen benötigt er Unterstützung.*

*Die Voraussetzungen für eine Einstufung in Pflegestufe 2 sind nicht gegeben, da Herr H. zwar Hilfe bei drei Verrichtungen aus den Bereichen Körperpflege und Mobilität benötigt, dies aber nicht zu drei Tageszeiten.*

### Pflegestufe 3: schwerst pflegebedürftig

Bei der höchsten Pflegestufe

- besteht rund um die Uhr – auch nachts – Hilfebedarf bei der Körperpflege, Ernährung oder Mobilität sowie
- mehrfach wöchentlich bei der hauswirtschaftlichen Versorgung.
- Der zeitliche Mindestaufwand beträgt mindestens fünf Stunden täglich (im Wochendurchschnitt).
- Davon müssen auf die Grundpflege mindestens vier Stunden entfallen.

Der Unterschied zu den anderen beiden Pflegestufen besteht vor allem in der Notwendigkeit einer nächtlichen Betreuung. In der Praxis heißt das, dass entweder eine Pflegeperson, meist eine Angehörige, mit dem Pflegebedürftigen in einem Haushalt lebt oder der Pflegebedürftige in einer Pflegeeinrichtung versorgt wird.

Pflegebedürftige, die allein in ihrer Wohnung leben und nachts nicht versorgt werden müssen, erfüllen daher nicht die Voraussetzungen für eine Einstufung in die Pflegestufe 3.

### Härtefallregelegung

Als Härtefall – manchmal spricht man auch von Pflegestufe 4 – bezeichnet man Schwerstpflegebedürftige der Pflegestufe 3, deren Pflegebedarf so außergewöhnlich hoch ist, dass er über das übliche Maß dieser Pflegestufe hinausgeht. Dies ist der Fall, wenn der Pflegebedürftige zum Beispiel auch nachts von mehreren Pflegekräften gleichzeitig betreut werden muss, oder wenn der Hilfebedarf mehr als sieben Stunden täglich beträgt und davon wenigstens zwei Stunden nachts anfallen. Im häuslichen Bereich, bei denen meist nur eine Pflegeperson anwesend ist, wird daher keine Härtefallregelung angewandt.

Generell sind die Hürden für eine Anerkennung als Härtefall sehr hoch: so weist die Statistik nicht einmal ein Prozent der Schwerstpflegebedürftigen als anerkannte Härtefälle aus.

## Übersicht über die Pflegestufen

| Pflegestufe | Mindestgesamtzeit – Hilfebedarf | Minuten |
|---|---|---|
| 1 – erheblich pflegebedürftig | Mindestgesamtzeit für alle Verrichtungen | 90 |
| | Davon mindestens nur für die Pflege (Körperpflege, Hygiene, Mobilität, Ernährung) | 45 |
| | Der Hilfebedarf muss sein<br>• täglich<br>• bei mindestens zwei Verrichtungen in der Pflege<br>• zudem bei der hauswirtschaftlichen Versorgung | |
| 2 – schwer pflegebedürftig | Mindestgesamtzeit für alle Verrichtungen | 180 |
| | Davon mindestens nur für die Pflege (Körperpflege, Hygiene, Mobilität, Ernährung) | 120 |
| | Der Hilfebedarf muss sein<br>• täglich<br>• mehr als dreimal zu verschiedenen Zeiten bei der Pflege<br>• zudem bei der hauswirtschaftlichen Versorgung | |

| Pflegestufe | Mindestgesamtzeit – Hilfebedarf | Minuten |
|---|---|---|
| 3 – schwerst pflegebedürftig | Mindestgesamtzeit für alle Verrichtungen | 300 |
| | Davon mindestens nur für die Pflege | 240 |
| | Der Hilfebedarf muss<br>• täglich an 24 Stunden bestehen (auch nachts permanent und nicht nur sporadisch) | |

## Wie kann ich die Leistungen beantragen?

Grob gefasst verläuft das Antragsverfahren wie folgt:

1. Sie stellen einen formlosen Antrag oder fordern einen Antragsvordruck telefonisch bei der Pflegekasse an und füllen ihn aus.
2. Sie schicken den Antrag an die zuständige Geschäftsstelle Ihrer Pflegekasse.
3. Die Pflegekasse beauftragt den Medizinischen Dienst (MDK). Bei einer privaten Pflegeversicherung wird der medizinische Dienst MEDICPROOF eingeschaltet. Die privaten Gutachter sind allerdings auch an die gemeinsamen Pflegebedürftigkeits- und Begutachtungsrichtlinien gebunden.
4. Der MDK schickt eine Mitteilung über den Begutachtungstermin.
5. Insbesondere bei häuslicher Pflege: Sie bereiten den Begutachtungstermin vor.
6. Begutachtungstermin in der Wohnung des Pflegebedürftigen oder im Heim.
7. Der MDK erstellt das Gutachten.

8. Weiterleitung an die Pflegekasse.
9. Die Pflegekasse schickt dem Pflegebedürftigen einen Bescheid (gegebenenfalls können Sie innerhalb von vier Wochen Widerspruch einlegen).

Es ist sehr wichtig, den Antrag rechtzeitig zu stellen, denn der Tag, an dem Ihr Antrag bei der Pflegekasse eingeht, entscheidet über den Beginn der Ansprüche.

Bereits beim Ausfüllen des Antrags müssen Sie sich entscheiden, ob Sie Pflegegeld, Sachleistungen oder eine Kombinationsleistung beantragen (mehr dazu in Kapitel 2). Wenn Sie – wie wohl die meisten Antragsteller – nichts mit dieser Unterscheidung anfangen können, ziehen Sie ruhig eine professionelle Pflegekraft von einem ambulanten Dienst oder von der Pflegekasse zu Rate und lassen sich den Unterschied genau erklären.

Als Faustregel gilt:
- Eine Kombinationsleistung ist in der Regel zu beantragen, wenn die Angehörigen mit der Versorgung überfordert oder durch Berufstätigkeit dazu nicht in der Lage sind, sodass sie einen ambulanten Pflegedienst hinzuziehen müssen.
- Eine Sachleistung beantragen Sie, wenn keine Angehörigen, Bekannten oder Nachbarn teilweise die Versorgung mit übernehmen können.
- Pflegegeld wird in der Regel von Angehörigen beantragt, die einen Pflegebedürftigen alleine versorgen.

Die Pflegekasse bestätigt den Eingang Ihres Antrags und beauftragt den Medizinischen Dienst der Krankenkassen (MDK) mit der Erstellung eines Gutachtens.

Der Medizinische Dienst hat folgende Aufgaben:
- Pflegebegutachtung bei Erstantrag oder Höherstufung
- Beratung und Prüfung zur Qualität der Pflegeeinrichtungen

Der MDK kündigt Ihnen das Kommen eines Gutachters an. Während seines Besuchs im häuslichen Umfeld (oder z. B. im Krankenhaus) soll festgestellt werden, ob eine Pflegebedürftigkeit vorliegt und wie hoch ihr Ausmaß ist.

Erfahrungsgemäß dauert das Verfahren von der Antragstellung bis zum Begutachtungstermin zehn bis zwölf Wochen.

Das Gutachten des MDK bildet für die Pflegekasse die Grundlage zur Einordnung in eine Pflegestufe. Damit hat es einen entscheidenden Einfluss auf die Höhe der Leistungen aus der Pflegeversicherung.

## So bereiten Sie den Begutachtungstermin vor

Wenn Ihnen der MDK den Begutachtungstermin in der Wohnung des Antragstellers mitteilt, erhalten Sie im selben Schreiben auch ein Formular, das Sie bis zum betreffenden Datum ausfüllen sollen. Gefragt wird hier nach genauen Angaben zur Hilfebedürftigkeit in den Bereichen Grundpflege, Mobilität, Ernährung und hauswirtschaftliche Versorgung:
- Wobei braucht er/sie Hilfe?
- Wie häufig?
- Mit welchem zeitlichen Aufwand?

Manchmal schickt die Pflegekasse auch ein sogenanntes Pflegetagebuch, in dem man über einen Zeitraum von ca. 14 Tagen täglich den Hilfebedarf und den zeitlichen Aufwand in den Bereichen Körperpflege, Mobilität, Ernährung und hauswirtschaftliche Versorgung festhalten kann. Dieses Pflegetagebuch auszufüllen ist keine Pflicht – hierzu können Sie nur gebeten werden. Es erleichtert aber dem MDK, sich einen Überblick über den individuellen Hilfebedarf zu verschaffen, da er ja nicht jeden Tag gleich sein muss. Daher ist es – falls Sie sich dafür entscheiden – ratsam, das Tagebuch tatsächlich über einen Zeitraum von 14 Tagen zu führen.

Zum Begutachtungstermin sollten Sie bzw. der Pflegebedürftige folgende Unterlagen – falls schon vorhanden – bereithalten:

- Ärztliche Unterlagen (Befunde vom behandelnden Arzt, Krankenhausberichte)
- Derzeitig verordnete Medikamente
- Pflegetagebuch
- Gutachten und Bescheide anderer Sozialleistungsträger, z. B. Unfallversicherung, Versorgungsamt, Sozialamt

Die Person, die den Pflegebedürftigen versorgt, muss zu diesem Termin anwesend sein.

Falls schon ein ambulanter Dienst beschäftigt wird, ist dieser dazu verpflichtet, seine Pflegedokumentation vorzulegen. Meist ist dann auch eine Pflegekraft des ambulanten Dienstes bei der Begutachtung anwesend. Da der MDK den Termin in der Regel nur dem Antragsteller mitteilt, müssen Sie Ihren ambulanten Dienst gegebenenfalls selbst darüber informieren.

Wenn der Pflegebedürftige allein lebt und niemanden hat, der beim Begutachtungstermin mit anwesend sein kann, sollten Sie auf dem Antragsformular vermerken, dass der MDK den Termin bitte mit dem ambulanten Dienst absprechen soll.

Viele Pflegebedürftige oder auch Angehörige plagen vor dem Begutachtungstermin Ängste: „Was soll ich denn da sagen? Was wollen die denn alles wissen? Wer kommt da überhaupt?"

Auch das Wort „Begutachtung" hat für viele einen unangenehmen Unterton. In diesem Fall ist es wichtig, vor allem dem Pflegebedürftigen die Angst zu nehmen:

- Bei den Mitarbeitern des MDK handelt es sich in der Regel um Pflegefachkräfte oder Ärzte, die weitestgehend sachlich und fair sind. Begutachtungen sind allerdings – abgesehen von eindeutigen Fakten wie Blindheit oder Amputationen – auch eine Frage der Bewertung und der Einschätzung. Daher ist eine „falsche Scham" bei der Beantwortung der Fragen nicht angebracht. Wenn Pflegebedürftige Fragen zum Hilfebedarf aus Scham verneinen („Diese Hilfe habe ich nicht nötig.") oder zu optimistische Antworten („Das schaffe ich schon.") geben, kann dies dazu führen, dass keine oder zu wenig Leistungen gewährt werden. Sie bzw. die Angehörigen sollten wahrheitsgemäß antworten. Zeigen Sie keinen falschen Ehrgeiz bei der Darstellung der vorhandenen Fähigkeiten und vermeiden Sie Unter-, aber auch Übertreibungen.
- Bereiten Sie sich mit den entsprechenden Unterlagen (Pflegetagebuch, lückenlose Pflegedokumentation, Krankenakte, Arztberichte) sorgfältig auf den Begutachtungstermin vor und machen Sie sich bewusst, dass Sie einen Anspruch auf die entsprechenden Versicherungsleistungen haben.
- Sie können zum Begutachtungstermin jederzeit eine dritte Person als Beistand (Angehöriger, Bekannter, Nachbar) hinzuziehen. Überdies sollte in der Regel auch die Pflegekraft anwesend sein.

## Vorbereitung der Begutachtung bei vollstationärer Pflege

Auch wenn sich der Pflegebedürftige bereits in vollstationärer Pflege befindet, müssen Anträge auf Leistungen aus der Pflegeversicherung gestellt werden. In der Regel haben Bewohner in Alten- und Pflegeheimen allerdings schon eine Pflegestufe und es geht meistens um eine Höherstufung. Den Antrag auf Leistungen für die vollstationäre Pflege stellt die Pflegeeinrichtung und schickt ihn an die zuständige Pflegekasse.

In vollstationären Pflegeeinrichtungen kann der Antragsteller, sofern er sich auf einer Pflegestation befindet, nur Pflegesachleistungen beantragen. Auch im Fall der Höherstufung muss ein Antrag gestellt werden.

Die Anträge unterscheiden sich von Pflegekasse zu Pflegekasse, jedoch müssen in der Regel folgende Angaben gemacht werden:

- Name, Vorname und Geburtsdatum
- Krankenkasse, Versichertennummer
- Name und Anschrift der vollstationären Pflegeeinrichtung
- Behandelnder Arzt mit Adresse und Telefonnummer
- Bereiche, in denen Hilfebedarf besteht (Körperpflege, Mobilität und Ernährung)
- Angaben, ob die Pflegebedürftigkeit durch Arbeitsunfall, Berufskrankheit oder Kriegsverletzung eingetreten ist und demzufolge schon Pflegeleistungen von einem anderen Sozialleistungsträger (Unfallversicherung, Versorgungsamt oder Sozialamt) gezahlt werden
- Bei Beamten auch Angaben, ob ein Anspruch auf Beihilfe von einer Beihilfestelle besteht
- Datum und Unterschrift des Versicherten oder von dessen gesetzlichem Betreuer

Der Mitarbeiter des MDK vereinbart mit der Pflegedienstleitung den Termin für die anstehenden Begutachtungen im Haus. Dabei werden in der Regel gleich mehrere Begutachtungen durchgeführt. Bevor der MDK-Mitarbeiter die betreffenden Bewohner auf dem Wohnbereich begutachtet, führt er zunächst ein Gespräch mit der zuständigen Pflegefachkraft, die den jeweiligen Bewohner in der Regel versorgt und am besten kennt. Hierbei wird die Pflegedokumentation vorgelegt.

Bei einem Höherstufungsantrag wird die Fachkraft befragt, ob sich der Pflegebedarf verändert hat. Die Pflegedokumentation muss aufzeigen, wann und in welchen Bereichen sich der Hilfebedarf erhöht hat. Sie sollte daher immer vollständig und auf dem aktuellen Stand sein.

Angehörige oder der gesetzliche Betreuer des Pflegebedürftigen können beim Begutachtungstermin anwesend sein und sollten deshalb vorab benachrichtigt werden.

### Welche Fragen werden bei der Begutachtung gestellt?

Beim Begutachtungstermin prüft der Mitarbeiter des MDK anhand eines standardisierten Formulars, ob die Voraussetzungen der Pflegebedürftigkeit oder für eine Höherstufung vorliegen. Dabei orientiert er sich unter anderem an folgenden Fragen:

- Wie sieht die derzeitige Betreuung aus? Hierzu befragt er den Pflegebedürftigen selbst sowie die Angehörigen (Pflegeperson) oder die Pflegekraft z. B. danach, wie oft der Pflegedienst bzw. die Pflegeperson kommt.
- Wie sieht die ärztliche Versorgung aus? Kommt der Hausarzt ins Haus? Oder kann der Pflegebedürftige noch den Arzt auf-

suchen? Sind in die ärztliche Betreuung auch Fachärzte mit einbezogen?

- Wird bei dem Pflegebedürftigen Behandlungspflege durchgeführt, z. B. Medikamente verabreicht oder Injektionen gegeben?
- Hat der Pflegebedürftige technische Hilfsmittel, z. B. einen Gehwagen, oder würde sich seine Situation ändern, wenn er eines hätte? Bekommt er Krankengymnastik? (Kommt dazu jemand ins Haus oder geht der Pflegebedürftige selber hin?) Würde sich seine Situation ändern, wenn er welche bekäme?
- Wie sieht der konkrete Hilfebedarf in den Bereichen Körperpflege, Mobilität, Ernährung und hauswirtschaftliche Versorgung aus? Wie groß ist der erforderliche Zeitaufwand? Wie umfangreich ist die pflegerische Versorgung? Wie oft kommt der ambulante Dienst bzw. die Pflegeperson? Wer macht was? Welche Formen der Hilfeleistung werden erbracht?
- Außerdem wird der Pflegebedürftige über Krankheiten und Behinderungen befragt. Seit wann bestehen diese und wie wirken sie sich aus?

Für die Feststellung des Pflegebedarfs werden nur ganz bestimmte Hilfebedarfe herangezogen.

Zu den sogenannten Katalog-Verrichtungen gehören (siehe auch Tabelle Seite 14):

- Hilfen für die Körperpflege
- Hilfen bei der Ernährung und
- Hilfen zur Mobilität.
- Darüber hinaus wird der Hilfebedarf für die Hauswirtschaft (z. B. Essen zubereiten, Waschen, Einkaufen) ermittelt.

Mit einem gesonderten Fragebogen überprüft der MDK auch, ob

ein besonderer Betreuungsbedarf vorliegt. Ist dies der Fall, können zusätzliche Betreuungsleistungen in Anspruch genommen werden (vgl. Seite 60).

Die Zeiten, die für die Verrichtung der einzelnen Tätigkeiten angesetzt werden, sind in den Begutachtungsrichtlinien festgelegt. Um davon abzuweichen, muss eine stichhaltige Begründung (z. B. besondere Krankheiten oder Übergewicht) vorliegen.

**Beispiele für Zeitkorridore der einzelnen Verrichtungen**

Körperpflege

| | |
|---|---|
| • Ganzkörperwäsche | 20 bis 25 Minuten |
| • Teilwäsche | 8 bis 10 Minuten |
| • Zahnpflege | 5 Minuten |
| • Baden | 20 bis 25 Minuten |
| • Rasieren | 1 bis 3 Minuten |

Mobilität

| | |
|---|---|
| • Einfache Hilfe beim Aufstehen/Zubettgehen | je 1 bis 2 Minuten |
| • Ankleiden insgesamt | 8 bis 10 Minuten |
| • Transfer Bett – Rollstuhl | 1 Minute |

Ernährung

| | |
|---|---|
| • Mundgerechte Zubereitung einer Mahlzeit | je 2 bis 3 Minuten |

Die Richtwerte basieren auf Erfahrungswerten des MDK. Sie sind Anhaltsgrößen, von denen je nach individuellem Hilfebedarf abgewichen werden kann.

**Was passiert nach dem Begutachtungstermin?**

Nach seinem Besuch bei dem Antragsteller verfasst der Mitarbeiter des Medizinischen Dienstes sein Gutachten. Darin schätzt er die körperliche und geistige Verfassung des Pflegebedürftigen ein und berücksichtigt den Zeitaufwand für die Pflege. Der MDK leitet das Gutachten an die Pflegekasse weiter, die auf dieser Grundlage über die Zuordnung zu einer der drei Pflegestufen entscheidet.

Sie können als Antragsteller das Gutachten anfordern und nachlesen. Das empfiehlt sich besonders, wenn das Ergebnis für Sie nicht nachvollziehbar ist. Sind Sie mit der Einstufung nicht einverstanden, können Sie innerhalb einer Frist von vier Wochen Widerspruch bei der Pflegekasse einlegen. Fehlt im Bescheid der Hinweis auf die Widerspruchsmöglichkeit und die Fristen, können Sie noch innerhalb eines Jahres widersprechen.

Die Zuweisung einer Pflegestufe ist nicht endgültig, sondern abhängig vom aktuellen Hilfebedarf, der sich auch ändern kann. Eine höhere Pflegestufe wird jedoch nur anerkannt, wenn der erhöhte Pflegebedarf auf Dauer (mindestens sechs Monate) besteht. Wer Leistungen einer höheren Pflegestufe beziehen möchte, muss wieder einen Antrag stellen und das beschriebene Verfahren beginnt von Neuem.

# 2 Die Pflege in den eigenen vier Wänden

Mit häuslicher Pflege, in der Fachsprache auch ambulante Pflege genannt, ist die Pflege und Betreuung zu Hause gemeint. Die Entscheidung, einen Angehörigen in den eigenen vier Wänden zu pflegen, verdient Respekt und Anerkennung, sollte aber vorher gründlich überdacht sein.

Die Pflege eines Menschen ist eine sehr individuelle Dienstleistung, vor allem kann sie nur gemeinsam, nur unter Mitwirkung des Pflegebedürftigen, erbracht werden: Daher sollten beide, sowohl Sie als Angehörige und als Pflegeperson als auch die pflegebedürftige Person, die Situation bejahen und voll und ganz hinter ihr stehen. Denn sie bedeutet eine tief greifende Lebensumstellung und womöglich eine Phase, in der es zu Konflikten und Krisen kommt, da sich das Verhältnis der beiden Personen ändern kann. Die zu pflegende Person wird eventuell abhängiger, hinfälliger und verhält sich manchmal wie ein Kind. Sie als Pflegeperson müssen sich über ihre Grenzen und gesundheitlichen Ressourcen klar sein: Pflege ist ein 24-Stunden-Job, und gerade deswegen sind Auszeiten notwendig, die man sich auch eingestehen sollte.

Überlegen Sie sich daher gut, was Sie selbst übernehmen können, und wo andere Personen (Nachbarn, Freunde) übernehmen können, aber auch wo es Sinn macht, professionelle Pflegekräfte zu engagieren. Es gibt oft Vorbehalte, die Pflege mit professionellen Kräften zu teilen. Denn wenn professionelle Pflegekräfte ins Haus kommen, treten sie in die Privatsphäre des Pflegebedürftigen und seiner Angehörigen ein. Dies kann Unbehagen bereiten und ist gewöhnungsbedürftig. Aber ein häuslicher Pflegedienst trägt auch zur Entlastung bei, sodass die Pflegearbeit auf mehreren Schultern verteilt ist. Viele Pflegedienste leisten – trotz aller negativen Schlagzeilen, die man oft liest – qualitativ gute Arbeit und begreifen sich selbst als Gast bei den Pflegebedürftigen.

### Eine Voraussetzung für die häusliche Pflege: Teamwork

An der Pflege und Versorgung einer Person zu Hause sind meistens mehrere Menschen beteiligt: zum einen ein professioneller Pflegedienst, von dem unterschiedliche Personen mit unterschiedlichen Qualifikationen in die Wohnung kommen, und zum anderen weitere Helfer wie Angehörige, Nachbarn oder Ehrenamtler. Auch die Pflegebedürftigen selbst zählen selbstverständlich dazu: Sie nehmen zumeist einen Teil der Koordinationsaufgaben wahr oder befolgen Anweisungen. Die Leistungserbringung im häuslichen Umfeld bedarf also immer einer Arbeitsteilung und Abstimmung der verschiedenen Beteiligten.

## Was die Pflegeversicherung zahlt

Vor Einführung der Pflegeversicherung wurde ambulante Pflege nur zur Sicherstellung der ärztlichen Behandlung oder als Krankenhausvermeidungspflege bewilligt. Erst seit Einführung der Pflegeversicherung kann diese Dienstleistung auch unabhängig von einer ärztlichen Anordnung bewilligt werden.

Heute ist die Leistungserstellung von Pflegediensten im Wesentlichen als Regelleistung in den Sozialgesetzbüchern V und XI niedergelegt. Die inhaltliche Ausgestaltung übernehmen die

Selbstverwaltungspartner, d. h. die Kranken- und Pflegekassen, die Kommunen bzw. Gemeinden und die Träger der Pflegeeinrichtungen.

Gerade einfache hauswirtschaftliche Tätigkeiten wie „Blumen gießen“ oder „Glühbirne auswechseln“ stellen für die Pflegebedürftigen wichtige alltäglich Dienstleistungen dar, die jedoch nicht im Leistungskomplex der Kranken- und Pflegekassen enthalten sind. Damit stellen sie für den Pflegedienst Zusatzleistungen dar, die sie entweder extra berechnen (was zu Kritik und Unverständnis bei den Klienten führen kann) oder als Serviceleistungen anbieten, die dann anderweitig refinanziert werden müssen.

Je nach Finanzierung und Kostenträger unterscheidet man verschiedene Ausgestaltungen von ambulanten Pflegedienstleistungen:

- **Häusliche Krankenpflege** ist ein zentraler Pflegebegriff im Krankenversicherungsrecht (SGB V) und wird von der Krankenkasse bezahlt. Er bedeutet ambulante Pflege zur Abkürzung oder Vermeidung von stationärer Krankenhauspflege bzw. „zur Sicherung des Ziels der ärztlichen Behandlung“. Sie unterliegt damit ärztlichem Vorbehalt, d. h. muss ärztlich angeordnet werden. Häusliche Krankenpflege umfasst Behandlungspflege sowie im Bedarfsfall auch Grundpflege und die hauswirtschaftliche Versorgung. Versicherungsfremde Leistungen, die die gesetzlichen Krankenkassen nicht finanzieren, sind zum Beispiel psychosoziale Beratung und Begleitung sowie Hilfen im Alltag wie Mobilitätsdienste, Gesprächsgruppen, Beratungs- oder Besuchsdienste. Diese Aufgaben müssen entweder Angehörige, Freunde oder ehrenamtliche Hilfsdienste übernehmen.

- **Häusliche Pflegehilfe,** die bei einer Pflegeeinstufung erfolgt und in diesem Kapitel noch ausführlicher behandelt wird, ist ein Begriff des Pflegeversicherungsrechts und kann bei einem durch Krankheit oder Behinderung dauerhaft bedingten Hilfebedarf (über sechs Monate) bei den folgenden alltäglichen Verrichtungen erbracht werden:
  - Körperpflege (z.B. Waschen, Baden, Kämmen, Ausscheidungen),
  - Ernährung (z.B. mundgerechte Zubereitung, Aufnahme der Nahrung),
  - Mobilität (z.B. Aufstehen und Zubettgehen, Treppensteigen, Verlassen der Wohnung),
  - Hauswirtschaftliche Versorgung (z.B. Kochen, Einkaufen, Abwaschen).

  Die Kosten im Rahmen der vorliegenden Pflegestufe übernimmt die zuständige Pflegekasse.
- **Hilfe zur Pflege** ist eine bedarfsorientierte Sozialleistung zur Unterstützung pflegebedürftiger Personen, die den eigenen Pflegeaufwand nicht sicherstellen können. Hilfe zur Pflege ist Teil der Sozialhilfe und an bestimmte Bedingungen geknüpft bzw. wird nur einkommens- und vermögensabhängig gewährt. Leistungen der Sozialhilfe beziehen sich auf einen Pflegebedarf, der z.B. zeitlich (unterhalb von sechs Monaten) oder inhaltlich (z.B. psychosoziale Beratung, Kommunikation) außerhalb des Leistungskatalogs der Pflegeversicherung liegt. In solchen Fällen muss die Sozialhilfe aufgrund des Grundrechts auf Schutz der Menschenwürde den Bedarf an Pflegehilfe übernehmen. Zuständig für die Leistungen der Hilfe zur Pflege sind die Träger der überörtlichen Sozialhilfe, z.B. die Landkreise. Sie können sich aber auch zunächst direkt an das örtliche Sozialamt wenden.

- **Haushaltshilfe** als Hilfe zur Weiterführung des Haushalts erfolgt meist im Anschluss an eine Krankenhausbehandlung, ambulante oder stationäre Vorsorgekur oder medizinische Rehabilitationsmaßnahme. Die Kosten dafür übernimmt die jeweilige Krankenkasse.

Wenn Sie sich für die Pflege eines Angehörigen entschieden haben, geht es zunächst auch darum, dass Sie sich selbst entsprechend auf die neue Aufgabe vorbereiten:

- Die Krankenkassen, aber auch Wohlfahrtsverbände und ambulante Pflegedienste bieten Kurse für pflegende Angehörige an. Nehmen Sie dieses Angebot wahr. Sie lernen dort nicht nur wichtige Hinweise, Tipps und Techniken für die Pflege und Versorgung Ihres Angehörigen, sondern können sich auch mit Gleichgesinnten austauschen.
- Suchen Sie den Kontakt zu einem ambulanten Pflegedienst, der Ihnen in schwierigen Pflegephasen zur Seite steht oder Sie in regelmäßigen Abständen unterstützt. Auch die Kontaktaufnahme zu ehrenamtlichen Besuchsdiensten o.ä. kann hilfreich und entlastend sein.
- Sie sollten auch überdenken, ob die räumlichen Verhältnisse eine Pflege über längere Zeit zulassen. Der Pflegebedürftige sollte nach Möglichkeit ein eigenes Zimmer haben. Gerade wenn seine Bewegungsfreiheit eingeschränkt ist, sollte der Raum hell und freundlich und mit persönlichen Gegenständen eingerichtet sein und nicht nur an ein Krankenzimmer mit Windeleimer, Pflegebett und medizinischen Geräten erinnern.
- Wichtig ist auch ein eigener Raum für Sie, in den Sie sich zurückziehen können, wenn etwa Ihr Angehöriger Besuch hat oder von einer professionellen Pflegekraft versorgt wird.

## Pflegegeld, Sach- oder Kombinationsleistung – Was ist der Unterschied?

Bei der häuslichen Pflege können Sie zwischen Pflegegeld, Sach- oder Kombinationsleistung wählen. Was bedeuten diese Begriffe?

### Sachleistung

Diese Leistung wird gewährt, wenn ein Pflegebedürftiger zu Hause durch einen ambulanten Pflegedienst, d.h. durch professionelle Pflegekräfte gepflegt wird. Die Sachleistung besteht also in der Dienstleistung und hat nichts mit einer „Sache" an sich, also z.B. mit benötigten Hilfsmitteln, zu tun. Ambulante Dienste erbringen diese Leistungen und können direkt mit den Pflegekasse abrechnen, wenn sie

- einen Versorgungsvertrag mit den Pflegekassen haben und
- die Versorgung durch geeignetes Personal, z.B. Altenpflegekräfte oder Krankenschwestern, sicherstellen.

In Ausnahmefällen können auch Versorgungsverträge mit qualifizierten Einzelpersonen abgeschlossen werden.

*Die ambulanten Sachleistungsbeträge werden bis 2012 stufenweise angehoben:*

| | *2007* | *2008* | *2010* | *2012* |
|---|---:|---:|---:|---:|
| Pflegestufe 1 | 384 Euro | 420 Euro | 450 Euro | 450 Euro |
| Pflegestufe 2 | 921 Euro | 980 Euro | 1 040 Euro | 1 100 Euro |
| Pflegestufe 3 | 1 432 Euro | 1 470 Euro | 1 510 Euro | 1 550 Euro |
| Härtefall | 1 918 Euro | 1 918 Euro | 1 918 Euro | 1 918 Euro |

Für Kosten, die oberhalb der genannten Grenzen liegen, muss der Pflegebedürftige selbst aufkommen oder das Sozialamt übernimmt die Kosten, wenn sein Einkommen unterhalb der entsprechenden Grenzen liegt.

Der ambulante Pflegedienst rechnet seine Leistungen direkt mit der Pflegekasse ab.

Wird die Sachleistung nicht voll ausgeschöpft, gibt es ein anteiliges Pflegegeld für die zusätzliche ehrenamtliche Betreuung z. B. durch Angehörige (siehe Kombinationsleistung).

## Pflegegeld

Pflegegeld erhält man für Familienangehörige oder Nachbarn, die selbst die häusliche Pflege übernehmen. Den Betrag erhält der Pflegebedürftige, nicht die Pflegeperson. Praktisch gesehen bedeutet Pflegegeld, dass „Geld auf ein Konto" überwiesen wird.

*Auch das Pflegegeld wird in den nächsten Jahren stufenweise angepasst:*

| | *2007* | *2008* | *2010* | *2012* |
|---|---|---|---|---|
| Pflegestufe 1 | 205 Euro | 215 Euro | 225 Euro | 235 Euro |
| Pflegestufe 2 | 410 Euro | 420 Euro | 430 Euro | 440 Euro |
| Pflegestufe 3 | 665 Euro | 675 Euro | 685 Euro | 700 Euro |

Pflegegeld wird ab dem Tag der Antragstellung gewährt. Wenn entschieden ist, dass Sie einen Angehörigen zu Hause pflegen, ist es also wichtig, möglichst frühzeitig einen entsprechenden Antrag bei der Pflegekasse zu stellen.

Empfänger von Pflegegeld müssen in gewissen Abständen einen „Pflegeeinsatz" durch einen ambulanten Pflegedienst nachweisen. Bei der Pflegestufe 1 und 2 muss er mindestens halbjährlich, bei der Pflegestufe 3 mindestens vierteljährlich erfolgen. Der Pflegeeinsatz bedeutet keine pflegerische Tätigkeit durch eine Pflegekraft, sondern dient in erster Linie der Hilfestellung und Beratung der pflegenden Angehörigen. Allerdings nennt der Gesetzgeber auch noch einen anderer Zweck: Es geht darum, Erkenntnisse über die „Qualität der Pflegesituation" zu gewinnen, die der Pflegekasse mitgeteilt werden. Pflegeeinsätze haben also auch eine Kontrollfunktion, sollen aber immer dem Schutz des Pflegebedürftigen dienen.

Wenn ein Pflegebedürftiger den Pflegeeinsatz nicht abruft oder mit der Mitteilungspflicht des ambulanten Dienstes nicht einverstanden ist, kann die Pflegekasse das Pflegegeld kürzen oder im Wiederholungsfall entziehen.

Die Kosten der Pflegeeinsätze werden von den Pflegekassen übernommen und müssen nicht von den Pflegebedürftigen selbst getragen werden.

## Kombinationsleistungen

Pflegesachleistungen und Pflegegeld können auch kombiniert werden. Dies ist der Fall, wenn jemand von seinem Angehörigen versorgt wird, zusätzlich aber für gewisse Verrichtungen auch einen ambulanten Dienst in Anspruch nimmt. Häufig wird diese Möglichkeit von berufstätigen Angehörigen in Anspruch genommen.

Für Angehörige sind Kombinationsleistungen oftmals eine Entlastung: Sie können sich selbst an der Pflege beteiligen, aber auch die professionellen Dienste einer ambulanten Pflegeeinrichtung in Anspruch nehmen. Es kann ein Gefühl der Sicherheit vermitteln, nicht für die gesamte Pflege selbst verantwortlich zu sein und, wenn nötig, auf Beratung und Unterstützung zurückgreifen zu können. Wenn sich der Pflegeaufwand erhöht oder die Angehörigen überlastet sind, besteht die Möglichkeit, dass der Pflegedienst öfter kommt oder die Pflege ganz übernimmt.

Die Berechnung der Kombinationsleistungen sieht in der Praxis so aus, dass prozentuale Anteile der nicht verbrauchten Pflegesachleistung auf das Pflegegeld angerechnet werden.

*Herr U. hat Pflegestufe 2 und damit Anspruch auf Pflegesachleistungen von 921 Euro (Stand 2007). Tatsächlich verbraucht er aber nur 70 Prozent, also eine Summe von 644 Euro. Damit bleibt ihm ein Rest von 30 % das in Form von Pflegegeld ausbezahlt wird. Diese 30 Prozent (bei Pflegestufe 2 wären dies 410 Euro) von seinem Pflegegeld werden an seine Frau, die mit ihm im Haushalt lebt und ihn versorgt, ausgezahlt. Bei einem Satz von 410 Euro wären das in seinem Fall 123 Euro.*

*Maria K. braucht rund um die Uhr Hilfe, d. h. sie ist in Pflegestufe 3 eingestuft und hat somit Anspruch auf 1 470 Euro Pflegesachleistungen (Stand 2008). Sie lebt bei ihrem Sohn und dessen Familie. Ihre Schwiegertochter kann die Betreuung jedoch nicht lückenlos gewährleisten: Abends und am Wochenende ist sie dauernd an ihrer Seite, aber vor allem tagsüber und nachts treten Engpässe auf. Dann kommt ein professioneller Pflegedienst. Frau K. möchte den engagierten Einsatz ihrer Familie mit dem Pflegegeld honoriert wissen. Die Pflegekasse finanziert die Leistungen des hinzugezogenen ambulanten Pflegedienstes mit 735 Euro (50 Prozent) und zahlt Maria K. Pflegegeld in Höhe von 337,50 Euro (50 Prozent), das diese an ihre Familie weitergibt.*

Bei Kombinationsleistungen hat der Pflegebedürftige zwei Möglichkeiten, wie die Aufteilung zwischen Pflegesachleistungen und Pflegegeld erfolgen kann:

1. Die Höhe des Pflegegelds wird nachträglich berechnet und zwar je nachdem, wie viel Pflegesachleistungen er in dem jeweiligen Monat in Anspruch genommen hat. Dies ist in der Regel dann der Fall, wenn der Umfang der Leistungen durch einen ambulanten Dienst nicht im Voraus berechnet werden kann, z. B. bei schwankendem Hilfebedarf.
2. Wenn der monatliche Umfang der Leistungen des ambulanten Dienstes im Voraus festgelegt werden kann, wird die Höhe des Pflegegelds im Voraus festgelegt. Dabei trifft der Pflegebedürftige die Entscheidung, wie er Pflegesachleistungen und Pflegegeld aufteilen möchte. Sie sind jeweils sechs Monate an Ihre Entscheidung gebunden, außer wenn sich die Pflegesituation ändert oder Sie auf reine Pflegesachleistungen oder reines Pflegegeld umstellen.

Wenn Sie Kombinationsleistungen beziehen, ist der oben beschriebene Pflegeeinsatz nicht mehr notwendig, da ein ambulanter – professioneller – Pflegedienst in die Pflege involviert ist.

## Wenn Sie sich einmal eine Weile nicht kümmern können

Wenn für die Pflegeperson ein Krankenhausaufenthalt ansteht oder ein Erholungsurlaub dringend nötig ist, kann sie die Verhinderungspflege (der Gesetzgeber spricht eher von „Ersatzpflege“) in Anspruch nehmen. In einem solchen Fall übernimmt während ihrer Abwesenheit eine andere ehrenamtliche Pflegeperson oder ein professioneller Pflegedienst die Versorgung und Betreuung.

Anspruch auf Verhinderungspflege haben alle ehrenamtlichen Pflegepersonen, die zuvor mindestens zwölf Monate einen Pflegebedürftigen in seiner häuslichen Umgebung gepflegt haben. Die Kosten einer Verhinderungspflege übernimmt die Pflegekasse, allerdings nur für bis zu vier Wochen (28 Tage) im Kalenderjahr und bis zu einem Betrag von 1 423 Euro. Pflegegeld wird in dieser Zeit nicht ausgezahlt.

Der Höchstbetrag gilt nur, wenn die Verhinderungspflege durch einen ambulanten Dienst sichergestellt wird. Wenn ehrenamtliche Pflegepersonen die Pflege übernehmen, werden die Kosten nur in der Höhe des jeweiligen Pflegegeldes übernommen.

Verhinderungspflege können Sie auch dann in Anspruch nehmen, wenn neben ehrenamtlichen Pflegepersonen zusätzlich ambulante Pflegedienste zum Einsatz kommen. Wird die Pflege allerdings ausschließlich durch professionelle Pflegende sichergestellt, gibt es keinen Anspruch auf Ersatzpflege, da die Pflegedienste etwaige Ausfälle ihrer Mitarbeiter selbst kompensieren müssen.

Ersatzpflege kann auch stundenweise in Anspruch genommen werden. Besonders bei der Betreuung von Menschen mit Demenz ist dies eine hilfreiche Alternative, wenn Angehörige einmal in Ruhe das Haus verlassen wollen. Wird die Ersatzpflege für weniger als acht Stunden am Tag und nicht an aufeinander folgenden Tagen beansprucht, entfällt die Begrenzung auf die 28 Tage, die Obergrenze von 1 432 Euro bleibt jedoch bestehen. Auch das Pflegegeld wird bei stundenweiser Ersatzpflege weiter gezahlt.

Planen Sie eine Verhinderungspflege möglichst langfristig. Sowohl private Pflegepersonen als auch ambulante Dienste müssen sich darauf einstellen und ihren Einsatz entsprechend planen.

Stellen Sie auch rechtzeitig einen Antrag bei der zuständigen Pflegekasse. Dieser sollte folgende Angaben enthalten:

- Zeitraum, in dem die Pflegeperson verhindert ist
- Name und Anschrift des ambulanten Pflegedienstes (oder der Pflegeperson), der den Pflegebedürftigen während Ihrer Abwesenheit betreut
- Zeitpunkt, seit dem Sie für die Pflege zuständig sind (12-Monats-Frist)
- Teilweise wird auch eine Art Kostenvoranschlag verlangt, also eine Übersicht über die zu erbringenden Leistungen des ambulanten Dienstes.

## Die Verbesserung des Wohnumfelds

Die Pflege eines Angehörigen verändert die Wohnsituation erheblich: Die Küchenschränke können nicht mehr erreicht werden, die Toilette ist zu eng, der Rollstuhl passt nicht durch die Balkontür, die Bewegungsfläche rund um das Bett reicht nicht aus, um jemanden zu waschen oder zu lagern. Solche Einschränkungen behindern sowohl den Pflegebedürftigen, der ansonsten noch einige Sachen selbst erledigen könnte, als auch Sie als Angehörige, deren Arbeitsablauf nicht optimal ist.

Häusliche Pflege ist daher auch davon abhängig, inwieweit das Wohnumfeld an die Bedürfnisse des Pflegebedürftigen angepasst ist. Da eine Pflege oft mehrere Jahre erfolgt, lohnt es sich darüber nachzudenken, welche Veränderungen sinnvoll sind und die tägliche Pflegearbeit erleichtern.

Zu den – förderfähigen – Maßnahmen der sogenannten Wohnumfeldverbesserung zählen:

- Maßnahmen außerhalb der Wohnung, wie das Anbringen von Handläufen an der Treppe oder der Abbau von Türschwellen
- Das Bad sollte nach Möglichkeit behindertengerecht sein, d. h. man sollte sich dort auch mit einem Rollstuhl ungehindert bewegen können. Dazu gehören Maßnahmen wie der Einbau einer bodengleichen Dusche, die Verwendung von rutschhemmendem Bodenbelag oder die Anpassung der Sitzhöhe des WCs bzw. Waschtischs.
- Auch Stolperfallen in der Wohnung wie ein zu glatter oder unebener Boden, lose liegende Kabel, instabile Möbel oder rutschende Teppiche sollten entfernt bzw. verändert werden.
- Absenkung von Tür- oder Fenstergriffen, Türvergrößerungen, Schaffung von mehr Bewegungsfläche oder eine verbesserte Raumaufteilung
- In der Küche kann auch die Höhe der Geräte oder Arbeitsplatten verändert werden, sodass eine mit einem Rollstuhl unterfahrbare Kücheneinrichtung entsteht.

Wohnumfeldverbesserungen, die eine häusliche Pflege erleichtern oder überhaupt erst ermöglichen bzw. eine möglichst selbstständige Lebensführung sichern, werden unter Umständen von der Pflegekasse bezuschusst. Die Pflegekasse verfügt über einen detaillierten Leistungskatalog, in dem die möglichen Maßnahmen im Einzelnen aufgelistet sind.

Lassen Sie sich vor Beginn der Maßnahmen ausführlich beraten. In vielen Kommunen gibt es spezielle Wohnberatungsstellen für ältere Menschen. Wenn bei der Beratung Kosten entstehen, können auch diese bezuschusst werden. Einen Antrag stellen Sie am besten vor Beginn der Maßnahmen, günstig ist auch eine entsprechende Stellungnahme von einem Wohnraumberater oder einer Pflegefachkraft. Reichen Sie, falls möglich, auch schon einen Kostenvoranschlag ein.

Der Zuschuss ist pro zusammenhängende Maßnahme auf 2557 Euro begrenzt. Der Pflegebedürftige muss sich an den Kosten beteiligen. Wie viel das im Einzelfall ist, hängt von der Maßnahme und seinem Einkommen ab. Grundsätzlich beträgt der Eigenanteil jedoch mindestens 10 %, außer es besteht kein Einkommen. Es werden jedoch nur die Einnahmen des Pflegebedürftigen selbst, nicht der im Haushalt lebenden Angehörigen, zur Berechnung hinzugezogen.

Auch andere Kostenträger können zur Finanzierung beitragen. Bei einem Arbeitsunfall sind z. B. die Unfallversicherungsträger leistungspflichtig. Bei schwerbehinderten Personen bestehen Ansprüche gegenüber den örtlichen Integrationsämtern. Auch das Sozialhilferecht kann Hilfen zur Beschaffung und Erhaltung einer Wohnung für behinderte Menschen und im Rahmen der Altenhilfe gewähren. Kriegsbeschädigte und Hinterbliebene erhalten solche Leistungen durch die Kriegsopferfürsorge. Diese Leistungen setzen jedoch eine Bedürftigkeit voraus. In solchen Fällen erfüllt zunächst die Pflegekasse ihre Leistungspflicht und die anderen Leistungsträger leisten gegebenenfalls einen Zuschuss.

## Die soziale Absicherung der Pflegepersonen

Als Pflegeperson – vor allem, wenn Sie nicht noch nebenher erwerbstätig sind – benötigen Sie eine entsprechende Absicherung.

Glücklicherweise ist seit Beginn der Pflegeversicherung die soziale Absicherung in den Bereichen

- Gesetzliche Rentenversicherung
- Gesetzliche Unfallversicherung und
- Arbeitslosenversicherung

erheblich verbessert worden.

## Rentenversicherung

Eine Person, die ehrenamtlich die Pflege eines Angehörigen übernimmt, ist unter bestimmten Umständen rentenversicherungspflichtig. Die erworbenen Versicherungszeiten werden bei einer Erwerbsminderungsrente und bei einer Altersrente angerechnet. Eigene Beiträge für die Rentenversicherung müssen nicht geleistet werden.

Voraussetzung ist, dass

- der Pflegebedürftige im Sinne der Pflegeversicherung anerkannt ist und Leistungen aus der privaten oder gesetzlichen Pflegeversicherung bezieht,
- die Pflegeperson nicht erwerbsmäßig pflegt,
- die Pflege regelmäßig ausgeübt wird; kurzfristige Pflegeeinsätze (ein bis zwei Monate im Jahr) gelten nicht,
- die Pflegetätigkeit mindestens 14 Stunden wöchentlich geleistet wird,
- die Pflege in einer häuslichen Umgebung geleistet wird, eine Unterstützung der Pflege bei vollstationärer Unterbringung scheidet somit aus.

Wenn Sie voll erwerbstätig sind, gelten Sie nicht als ehrenamtliche Pflegeperson und sind damit nicht rentenversicherungspflichtig. Dies sind Sie nur bei einer Erwerbstätigkeit von bis zu 30 Stunden, bei Bezug von Arbeitslosengeld II, Kurzarbeitergeld, Vorruhestandsgeld oder wenn Sie in Elternzeit sind.

Genaue Auskünfte über die Bedingungen und die anzurechnenden Beiträge gibt Ihnen Ihre zuständige Pflegekasse. Sie prüft auch, ob die Voraussetzungen für eine Rentenversicherungspflicht erfüllt sind und hält die entsprechenden Antragsformulare bereit.

### Unfallversicherung

Wenn die Bedingungen für eine Rentenversicherungspflicht erfüllt sind, gilt auch der Versicherungsschutz durch die gesetzliche Unfallversicherung. Abweichend von der Rentenversicherung gilt sie jedoch auch dann, wenn man weniger als 14 Stunden wöchentlich pflegt und wenn man eine Erwerbstätigkeit von mehr als 30 Stunden ausübt.

Wenn ein Unfall geschieht, stehen Ihnen alle Leistungen der Unfallversicherung wie Heilbehandlung, Reha oder Rente zu. Wichtig ist es, der Pflegekasse den Unfall zu melden, die wiederum den Unfallversicherungsträger informiert.

Versicherungsschutz besteht bei allen Pflegetätigkeiten, auch bei sogenannten Wegeunfällen. Sofern Sie zusammen in einem Haushalt leben, kann die Abgrenzung mitunter schwierig sein: Sie kochen Mittagessen für Ihren pflegebedürftigen Angehörigen und Ihre Familie und verletzen sich dabei – in diesem Fall liegt nicht unbedingt eine pflegebedingte Tätigkeit vor, da keine eindeutige Zuordnung zum unfallversicherten Tätigkeitsbereich möglich ist.

## Pflegezeit

Wer in einem Betrieb mit mehr als 15 Beschäftigten arbeitet und einen Angehörigen pflegen möchte, hat für die Dauer von sechs Monaten Anspruch auf unbezahlte, aber sozialversicherte Freistellung von der Arbeit mit Rückkehrmöglichkeit. Beschäftigte erhalten bis zu zehn Tage eine unbezahlte Freistellung für die Organisation von Pflege.

## Nach der Pflege zurück in die Berufstätigkeit?

Wenn Sie Ihre Beschäftigung aufgeben, um einen Angehörigen zu pflegen, können Sie nach dem Ende der Pflegetätigkeit unter bestimmten Umständen eine berufliche Weiterbildung in Anspruch nehmen. Nähere Informationen erhalten Sie bei den zuständigen Agenturen für Arbeit.

## Pflegekurse

Bei der Versorgung und Betreuung von Pflegebedürftigen zeigen Angehörige oftmals einen hohen Einsatz. Doch selbst bei großem Engagement bleibt teilweise die Unsicherheit, ob man „alles richtig macht“. Pflegen will auch gelernt sein. Die Pflegekassen, aber auch ambulante Dienste, bieten daher Pflegekurse an. Dort werden Kenntnisse vermittelt oder vertieft, die zur Pflegetätigkeit im häuslichen Umfeld notwendig oder hilfreich sind, wie z. B.

- Lagerungstechniken bei Bettlägerigen,
- rückenschonende Hebetechniken,
- Ernährungsbedürfnisse älterer Menschen,
- Umgang mit Inkontinenz,
- Gebrauch von Pflegehilfsmitteln,

- Einblick in die aktivierende Pflege (vorhandene Fähigkeiten des Pflegebedürftigen sollen gefördert werden).

Auch Belastungen in körperlicher oder seelischer Hinsicht sind Gegenstand solcher Kurse, an denen Sie in der Regel kostenlos teilnehmen können, wenn Sie schon jemanden pflegen oder in der Vorbereitung dazu sind.

Informationen zu den Terminen und Inhalten der angebotenen Kurse gibt Ihnen Ihre Pflegekasse.

## Unterstützung und Hilfe für Angehörige

Pflege ist eine emotional und körperlich anstrengende Tätigkeit. Daher sollten Sie auch auf Ihre eigene Gesundheit achten, denn niemandem ist gedient, wenn Sie selbst eines Tages durch die Pflege Ihres Angehörigen krank werden. Oftmals gestehen sich Pflegepersonen die eigene Überlastung nicht ein und sehen auch keine Alternativen und Auswege aus der belastenden Situation.

Dabei gibt es Möglichkeiten, Hilfe und Unterstützung in Anspruch zu nehmen, um so die eigenen Grenzen rechtzeitig zu erkennen und etwas für sich zu tun.

- Telefonseelsorge und Seelsorge vor Ort oder im Internet
  Oftmals ist es schon hilfreich, über die eigenen Belastungen und Nöte zu reden – damit ist schon mal ein Anfang gemacht und durch ein Gespräch können sich weitere Alternativen eröffnen. Die Telefonseelsorge ist bundesweit und rund um die Uhr erreichbar. Sie können dort anonym Ihre Sorgen und Nöte mit einem erfahrenen und geschulten Mitarbeiter besprechen. Die gebührenfreie Rufnummer lautet 0800-111 0 111 (evangelisch) oder 0800-111 0 222 (katholisch). Unter www.

seelsorge.net können Sie auch im Internet mit erfahrenen Seelsorgern Kontakt aufnehmen.

- Selbsthilfegruppen und Gesprächskreise
  Es tut oft gut, sich mit Gleichgesinnten über die eigene Situation auszutauschen. Familien und Freunde sind meist zu sehr selbst betroffen bzw. haben bei wiederkehrenden Problemen nicht so viel Verständnis. Mit Pflegenden in ähnlichen Situationen können dagegen Fragen und Probleme offen, aber ohne eigene Betroffenheit besprochen werden. In vielen Städten und Gemeinden gibt es Gesprächskreise für pflegende Angehörige bzw. Selbsthilfegruppen, die diese organisieren. Teilweise werden die Termine in der örtlichen Zeitung bzw. Stadtteilzeitung veröffentlicht. Auch ambulante Dienste, Pflegeeinrichtungen, die Kirchengemeinde oder die Pflegekasse können Ansprechpartner sein. Die Alzheimer-Gesellschaft ist ebenfalls Träger bzw. Initiator von Selbsthilfegruppen für Angehörige von Demenzkranken (Adresse siehe Anhang).

## Pflegeberatung

Im Rahmen der Pflegestützpunkte, die ab 2009 auf Antrag der Bundesländer entstehen sollen, wird ein individuelles Beratungs-, Unterstützungs- und Begleitangebot zur Verfügung gestellt, das jeweils auf die Bedürfnisse des einzelnen Hilfebedürftigen zugeschnitten ist. Hierzu werden Pflegeberater tätig, die folgende Aufgaben haben:

- den Hilfebedarf systematisch zu erfassen und zu analysieren,
- einen individuellen Versorgungsplan mit den im Einzelfall erforderlichen Sozialleistungen und gesundheitsfördernden, präventiven, kurativen, rehabilitativen oder sonstigen medizinischen sowie pflegerischen und sozialen Hilfen zu erstellen,

- die für die Durchführung des Versorgungsplans erforderlichen Maßnahmen zu veranlassen,
- die Durchführung des Versorgungsplans zu überwachen und bei einem veränderten Bedarf die Maßnahmen entsprechend anzupassen.

Die Pflegeberater sollen Sie also individuell beraten und die häusliche Pflege begleiten. Dadurch soll eine bessere Abstimmung der vorhandenen Unterstützungsmaßnahmen erreicht werden.

## Wer bezahlt die Pflegehilfsmittel?

Zu den Pflegehilfsmitteln zählen beispielsweise Rollstühle, Prothesen, Pflegebetten oder Polster für die Lagerung. Unterschieden wird zwischen Hilfsmitteln, die von den Ärzten verschrieben und meist persönlich angepasst werden, zum Beispiel Gehhilfen, Hörgeräte oder Prothesen. Die Krankenkasse kommt für Hilfsmittel auf, die die ärztliche Behandlung sichern oder eine Behinderung ausgleichen.

Daneben finanziert die Pflegeversicherung auch Hilfsmittel, die allen Pflegebedürftigen, unabhängig von der Pflegestufe, zustehen. Diese Pflegehilfsmittel, z.B. Pflegebetten, sollen die Pflege erleichtern, Beschwerden des Pflegebedürftigen lindern oder ihm eine weitgehende selbstständige Gestaltung des Alltags ermöglichen.

Da Laien oftmals nicht selbst beurteilen können, ob und welches Pflegehilfsmittel nützlich ist, lassen Sie sich am besten beraten! Informationen bekommen Sie entweder vom Gutachter des Medizinischen Dienstes, von einem ambulanten Dienst, der

Beratungen durchführt, oder von speziellen Pflegehilfsmittelberatern, die von entsprechenden Beratungsstellen oder Selbsthilfegruppen vermittelt werden.

Sowohl die Krankenkasse als auch die Pflegekasse verfügt über sogenannte Hilfsmittelverzeichnisse, um eine möglichst einheitliche Versorgung zu gewährleisten. Diese sind aber nicht abschließend, sodass es sich in jedem Fall lohnt, einen Antrag bei Ihrer Pflegekasse zu stellen. Die Kasse prüft dann, wer für die Kostenübernahme zuständig ist.

Teilweise besteht ein Konkurrenzverhältnis zwischen Kranken- und Pflegekasse, grundsätzlich gilt aber, dass Sie nicht selbst klären müssen, wer zuständig ist. Ist ein Hilfsmittel notwendig, aber nicht klar, wer die Kosten übernimmt, bewilligt zunächst einer der Kostenträger das Hilfsmittel und die Kassen klären dann untereinander die Zuständigkeit.

### Zum Verbrauch bestimmte Hilfsmittel

Zum Verbrauch bestimmte Hilfsmittel wie saugende Bettschutzeinlagen, Einmalhandschuhe oder Desinfektionsmittel werden bis zu einem Betrag von 31 Euro monatlich von den Pflegekassen übernommen. Die Lieferanten müssen einen Vertrag mit den Pflegekassen haben und rechnen auch direkt mit diesen ab. Ihre Pflegekasse hält hierzu entsprechende Listen mit Name und Anschrift der Lieferanten bereit.

Inkontinenzartikel wie Windeln oder Einlagen zählen zu den Hilfsmitteln, die vorrangig in den Zuständigkeitsbereich der Krankenkassen fallen, d. h. sie müssen vom Arzt verordnet werden. Für diese Hilfsmittel sind Festbeträge vorgesehen. Liegt der

Abgabepreis höher als dieser Festbetrag, müssen die Versicherten die Differenz selbst aufbringen.

## Technische Hilfsmittel

Zu den technischen Hilfsmitteln zählen:
- Pflegehilfsmittel zur Erleichterung der Pflege (z. B. Pflegebetten, Pflegebettenzubehör, Sitzhilfen, Rollstühle etc.),
- Pflegehilfsmittel zur Körperpflege/Hygiene (z. B. Bettpfannen, Urinflaschen, Waschsysteme etc.),
- Pflegehilfsmittel zur selbstständigen Lebensführung/Mobilität (z. B. Notrufsysteme),
- Pflegehilfsmittel zur Linderung von Beschwerden (z. B. Lagerungshilfen).

Da technische Hilfsmittel für einen längeren Gebrauch bestimmt sind, überlassen Pflegekassen diese Hilfsmittel dem Pflegebedürftigen häufig leihweise, in solchen Fällen kümmern sie sich auch um
- die Anpassung des Hilfsmittels bzw. die Anleitung für den Gebrauch,
- die Mehrfachausstattung, wenn diese aus hygienischen Gründen notwendig sein sollte,
- die Instandsetzung (Reparatur) oder den Ersatz bei Verschleiß,
- die Lieferung von Zubehörteilen, wenn das Hilfsmittel ansonsten nicht funktionsfähig ist.

Eine leihweise Überlassung hat für Sie den Vorteil, dass Sie keine Zuzahlung leisten müssen. Diese beträgt ansonsten 10 %, höchstens aber 25 Euro je Pflegehilfsmittel.

## Ambulante / häusliche Pflegedienste

Ambulante oder auch häusliche Pflegedienste bzw. Sozialstationen bieten verschiedene Leistungen im Bereich der Kranken- und Altenpflege an, die Sie je nach Bedarf in Anspruch nehmen können:

- **Grundpflege** bedeutet Unterstützung bei der Körperpflege, der Ernährung oder der Mobilität. Das kann die Hilfestellung beim Baden, beim Aufstehen oder Zubettgehen oder bei der Aufnahme von Nahrung sein. Die Grundpflege kann von der Pflegekasse bezahlt werden, wenn eine entsprechende Einstufung vorliegt, ansonsten kann sie auch selbst finanziert werden.
- **Hauswirtschaftliche Versorgung,** z.B. Fenster putzen, Einkaufen oder die Zubereitung von Mahlzeiten, wird von den meisten ambulanten Dienste mit angeboten.
- **Unterstützung durch Zivildienstleistende:** Manche Pflegedienste bieten auch Unterstützung durch Zivildienstleistende an, z.B. Begleitung zum Arzt, Erledigung von Einkäufen oder andere Hilfestellungen.
- Als **Behandlungspflege** bezeichnet man ärztlich verordnete Maßnahmen wie Verbandswechsel, Medikamentengabe oder Spritzen verabreichen. Ambulante Dienste übernehmen diese Tätigkeiten, sofern eine ärztliche Verordnung vorliegt.
- Auch die **Beratung von Pflegepersonen,** die Ihre Angehörigen selbst pflegen, gehört zum Leistungskatalog der Pflegedienste. Sie findet in der häuslichen Umgebung statt, um auf die individuellen Bedürfnisse und Besonderheiten einzugehen. Manche bieten auch entsprechende Kurse für pflegende Angehörige an.

Mehr zur Auswahl eines ambulanten Pflegedienstes erfahren Sie im nächsten Kapitel.

### Essen auf Rädern

Essen auf Rädern, auch fahrbarer Mittagstisch genannt, kann zu einer Entlastung der Pflegeperson beitragen. Mittags wird eine warme Mahlzeit geliefert, die zuvor, meist aus einer Vielzahl von Gerichten, ausgewählt wurde. Dies kann hilfreich sein, wenn die Pflegeperson über Mittag außer Haus ist oder wenn der Pflegende noch in der Lage ist, sein Essen selbst einzunehmen, es aber nicht mehr zubereiten kann.

Anbieter von Essen auf Rädern finden Sie über die Gelben Seiten oder in einschlägigen Broschüren wie Seniorenratgeber.

### Zivildienstleistende

Kirchengemeinden, ambulante Pflegedienste, Wohlfahrtsverbände oder Kliniken vermitteln teilweise Zivildienstleistende, die nach Notwendigkeit und Absprache zu Ihnen nach Hause kommen und schwere Hausarbeit oder Einkäufe erledigen, bei anstrengenden Pflegeverrichtungen (z. B. Heben) helfen, den Pflegebedürftigen zum Arzt begleiten oder mit ihm spazieren gehen. Zivildienstleistende dürfen jedoch allein keine Krankenpflege ausüben. Für diesen Dienst müssen Sie ein Entgelt zahlen.

### Mobiler Sozialer Dienst (MSD)

Ein Mobiler Sozialer Dienst besteht aus einer Gruppe von Zivildienstleistenden und ist immer einer sozialen Institution angeschlossen, die ihn leitet und koordiniert (z.B. Wohlfahrtsverbände). Der MSD übernimmt die oben beschriebenen Hilfen, ist aber hauptsächlich für hauswirtschaftliche Hilfen zuständig. Die Kosten müssen von Ihnen selbst getragen werden. Erkundigen Sie sich am besten bei den örtlichen Wohlfahrtsverbänden oder in Seniorenbüros nach den Hilfeleistungen und den entsprechenden Kosten.

## Und wenn der Betreuungsbedarf noch größer ist?

Pflegebedürftige mit einer erheblich eingeschränkten Alltagskompetenz können zusätzliche Leistungen beanspruchen, wenn dauerhafte Schädigungen oder Fähigkeitsstörungen in wichtigen Alltagsbereichen bestehen. Dies betrifft insbesondere demente Personen. Diese Leistungen werden dann zusätzlich zu den Sachleistungen oder dem Pflegegeld bezahlt und werden bei Bedarf auch dann gezahlt, wenn – noch – keine Pflegeeinstufung erfolgt.

Wenn Sie erstmals Leistungen der Pflegeversicherung beantragen, enthält das Gutachten des MDK automatisch die Überprüfung eines besonderen Betreuungsbedarfs. Wer bereits Leistungen der Pflegeversicherung erhält, muss im Bedarfsfall nochmals einen Antrag auf zusätzliche Betreuungsleistungen stellen. Der MDK kommt dann erneut zur Begutachtung und prüft, ob ein besonderer Betreuungsbedarf (in der Fachsprache ist von Einschränkungen in der Alltagskompetenz die Rede) vorliegt.

Für die Bewertung, ob die Einschränkung der Alltagskompetenz auf Dauer erheblich ist, sind folgende Schädigungen und Fähigkeitsstörungen maßgebend:

1. Unkontrolliertes Verlassen des Wohnbereiches (Weglauftendenz)
2. Verkennen oder Verursachen gefährdender Situationen
3. Unsachgemäßer Umgang mit gefährlichen Gegenständen oder potenziell gefährdenden Substanzen
4. Tätlich oder verbal aggressives Verhalten in Verkennung der Situation
5. Im situativen Kontext inadäquates Verhalten
6. Unfähigkeit, die eigenen körperlichen und seelischen Gefühle oder Bedürfnisse wahrzunehmen
7. Unfähigkeit zu einer erforderlichen Kooperation bei therapeutischen oder schützenden Maßnahmen als Folge einer therapieresistenten Depression oder Angststörung
8. Störungen der höheren Hirnfunktionen (Beeinträchtigungen des Gedächtnisses, herabgesetztes Urteilsvermögen), die zu Problemen bei der Bewältigung von sozialen Alltagsleistungen geführt haben
9. Störung des Tag-/Nacht-Rhythmus
10. Unfähigkeit, eigenständig den Tagesablauf zu planen und zu strukturieren
11. Verkennen von Alltagssituationen und inadäquates Reagieren in Alltagssituationen
12. Ausgeprägtes labiles oder unkontrolliert emotionales Verhalten
13. Zeitlich überwiegende Niedergeschlagenheit, Verzagtheit, Hilflosigkeit oder Hoffnungslosigkeit aufgrund einer therapieresistenten Depression

Stellt der Gutachter bei dem Pflegebedürftigen wenigstens in zwei Bereichen, davon mindestens einmal aus einem der Bereiche 1. bis 9., dauerhafte und regelmäßige Schädigungen oder

Fähigkeitsstörungen fest, ist die Alltagskompetenz erheblich eingeschränkt.

Der zusätzliche Betreuungsbetrag für Demenzkranke beträgt nach der Pflegeversicherungsreform bis zu 2400 Euro und darf nur für Sachleistungen verwendet werden. Dazu zählen Tages-, Nacht- oder Kurzzeitpflege. Manche Pflegedienste bieten spezielle Angebote zur Anleitung und Beaufsichtigung an (Orientierungstraining, Gedächtnistraining, Entspannungsübungen etc.), die ebenfalls bezuschusst werden können.

Der Kostenzuschuss wird in unterschiedlicher Höhe (in zwei Stufen), entsprechend des festgestellten Betreuungsbedarfs geleistet. Das Geld darf nur zweckgebunden ausgegeben werden: für spezielle Betreuungsleistungen der Pflegedienste (keine Pflege), für Tages-, Nacht- und Kurzzeitpflege und für anerkannte sogenannte niedrigschwellige Betreuungsleistungen, also Angebote, die auf die Entlastung der pflegenden Angehörigen/Lebenspartner bzw. Pflegepersonen ausgerichtet sind.

Zu niedrigschwelligen Betreuungsangeboten zählen:

- Betreuungsgruppen (z. B. Alzheimer-Gruppen),
- Helferinnenkreise zur stundenweisen Entlastung pflegender Angehöriger,
- Tagesbetreuung oder Einzelbetreuung oder
- familienentlastende Dienste.

Erkundigen Sie sich bei Ihrer Pflegekasse, welche qualitätsgesicherten Betreuungsleistungen an Ihrem Wohnort angeboten werden und bezuschusst werden können.

Die Pflegekasse erstattet nur per Rechnung nachgewiesene Kosten. Daher ist es empfehlenswert, das Angebot vorab mit der Kasse abzustimmen.

Hilfe und Unterstützung finden Angehörige demenzkranker Menschen auch in Gesprächskreisen und Selbsthilfegruppen. Eine erste Anlaufstelle kann die Deutsche Alzheimer Gesellschaft sein. Dort gibt es nicht nur Adressen der örtlichen Alzheimer-Selbsthilfegruppen, sondern auch eine Beratungshotline zum Thema Alzheimer-Krankheit.

## Betreuung durch ausländische Pflegekräfte

Viele ältere Menschen brauchen eine ganztägige Betreuung und Unterstützung in ihrem Haushalt. Sie wollen aber ihre gewohnte Umgebung nicht verlassen, ein Umzug in ein Pflegeheim kommt für sie nicht in Frage. Doch viele Familien, die ihrem Angehörigen diesen Wunsch erfüllen wollen, stehen vor einer schwierigen Frage: Sie können die Pflege nicht selbst übernehmen, etwa weil sie voll berufstätig sind, sich durch die Belastung auf Dauer überfordert fühlen oder weit entfernt leben. Die Rund-um-die-Uhr-Betreuung durch einen professionellen Pflegedienst ist jedoch sehr teuer – sie kostet etwa 3 000 bis 5 000 Euro monatlich – und für die meisten, trotz finanzieller Unterstützung durch die Pflegekasse, unbezahlbar.

Als kostengünstige Alternative erscheint da die Beauftragung einer Pflegekraft oder Haushaltshilfe aus Osteuropa, die häufig sogar bei dem Pflegebedürftigen einzieht und somit jederzeit für ihn da ist. Experten schätzen, dass über 100 000 Familien ihre Angehörigen von Arbeitskräften aus Osteuropa pflegen lassen – in den meisten Fällen sind dies jedoch illegale Pflegerinnen. Viele Familien nehmen die Illegalität in Kauf, weil sie sich eine legale Lösung nicht leisten können oder sie die intensive Rundum-

Betreuung schätzen. Inzwischen bietet die Bundesagentur für Arbeit aber auch eine legale Möglichkeit an, die zumindest einen guten Kompromiss darstellt.

Arbeitskräfte aus Osteuropa haben keine Verträge mit den deutschen Pflegekassen (Krankenkassen) und müssen somit privat bezahlt werden. Wenn Sie über eine Pflegeeinstufung verfügen, können Sie mit den Geldleistungen die ausländische Kraft zumindest teilweise bezahlen.

Wenn Sie überlegen, eine osteuropäische Pflegerin zu beschäftigen, sollten Sie bedenken, dass Sie und ihre Familie plötzlich mit einer fremden Person zusammenleben müssen. Hinzu kommt, dass die Mitarbeiterinnen in der Regel nach drei bis sechs Monaten wechseln und sich vor allem der Pflegebedürftige somit ständig an eine neue Person gewöhnen muss.

Bei der Einstellung einer Haushaltshilfe gibt es verschiedene Möglichkeiten: manche sind nicht legal, manche am Rande der Legalität und mittlerweile gibt es auch offizielle Vermittlungsmöglichkeiten.

### Der illegale Weg

*Frau W. will ihrem schwer pflegebedürftigen Vater den Umzug in ein Pflegeheim nicht zumuten. Eine Nachbarin vermittelte ihr einen privaten Kontakt zu einer ungarischen Pflegerin. Jetzt lebt Frau S. mit in der Wohnung von Frau W.s Vater und versorgt ihn beinahe rund um die Uhr. Für ihre Arbeit zahlt ihr Frau W. 900 Euro, das Zugticket nach Hause und die Krankenversicherung. Alle drei Monate reist Frau S. zurück in die Heimat und wechselt sich dann mit Frau C. ab. Frau S. und Frau C. sind inzwischen fast zu Familienmitgliedern geworden, doch ihre Beschäftigung ist illegal.*

Eine Pflegekraft aus Osteuropa „schwarz“ zu beschäftigen (also ohne Steuern und Sozialabgaben zu zahlen und ohne gewerbliche Anmeldung mit Kranken- und Berufshaftpflichtversicherung), ist genau so illegal wie der unangemeldete Maurer auf dem Bau. Hier wie dort lockt natürlich die finanzielle Ersparnis durch fehlende Lohnnebenkosten. Mit 800 bis 1000 Euro plus Kost, Logis, Fahrtkosten und Auslandskrankenversicherung können professionelle Pflegedienste und selbst legal tätige osteuropäische Pflegekräfte nicht mithalten.

Doch auch wenn die Wahrscheinlichkeit erwischt zu werden vergleichsweise gering ist, sollten Sie die möglichen Konsequenzen überdenken. Wer angezeigt wird, muss mit einer harten Strafe rechnen. Allein eine Beschäftigung ohne Arbeitserlaubnis kann ein Bußgeld bis zu 500 000 Euro zur Folge haben, die Vorenthaltung von Sozialabgaben und die Hinterziehung von Lohnsteuer können sogar mit einer Freiheitsstrafe bis zu drei Jahren geahndet werden. In jedem Fall müssen sämtliche Beiträge, Abgaben und Steuern nachgezahlt werden, die illegale Pflegekraft wird abgeschoben.

Zwar konzentriert sich die Zollfahndung, die für das Aufspüren von „Schwarzarbeit“ zuständig sind, eher auf den Bausektor als auf illegale Pflegekräfte und darf zudem den häuslichen Bereich nicht ohne richterliche Verfügung betreten, doch gibt es durchaus Fälle, in denen betroffene Familien angezeigt und verurteilt wurden.

Bedenken Sie auch, dass Sie mit Sprach- und Verständigungsproblemen rechnen müssen und die nötige pflegerische Qualifikation nicht in jedem Fall gegeben sein könnte. Außerdem besteht kein Versicherungsschutz bei Unfällen, und Sie können illegale Pflegerinnen bei Schädigungen oder Fehlverhalten nicht haftbar machen.

## Die Grauzone

*Auf der Suche nach einer Rundumbetreuung Ihrer Schwiegermutter findet Gerda P. im Internet eine Agentur mit Sitz in Rumänien, die Pflegerinnen ins Ausland vermittelt. Ein Mitarbeiter in Deutschland verspricht ihr eine professionelle Fachkraft und eine völlig legale Abwicklung. Dafür verlangt er 1200 Euro im Monat plus 200 Euro Fahrtkosten. Als Provision, so erfuhr Frau P., streicht die Agentur monatlich 500 Euro ein. Frau P. überlegt noch, weil ihr die Provision sehr hoch erscheint. Außerdem hat sie gehört, dass dieses Angebot nicht ganz legal ist.*

Agenturen, die gegen eine Gebühr osteuropäische – meist polnische – Pflegerinnen vermitteln, werben damit, dass ihr Angebot rechtmäßig ist. Die Frauen sind in ihrem Heimatland bei einem Pflegeanbieter angestellt und versichert und dürfen aufgrund der neuen EU-weiten Dienstleistungsfreiheit überall innerhalb der EU arbeiten. Dennoch bewegen sich diese Agenturen in einer rechtlichen Grauzone, denn die Vermittlung muss grundsätzlich von der Bundesagentur für Arbeit genehmigt sein. Zudem bemängeln Fachleute, dass die Pflegekräfte als Leih-/Zeitarbeiter eigentlich nur von ihren Dienstherren und nicht von den deutschen Familien Weisungen entgegennehmen dürften, und eine Arbeitszeit rund um die Uhr in keinem Land rechtens ist.

Wenn Sie einen Vertrag mit einem ausländischen Pflegeunternehmen abschließen, wird eine dort angestellte Pflegerin in Ihren Haushalt entsendet. Nach drei bis sechs Monaten wird sie ausgewechselt, doch mehr als zwei bis drei Mitarbeiterinnen arbeiten nie abwechselnd in Ihrem Haushalt.

Da bislang nur Selbstständige aus den neuen EU-Ländern ihre Dienstleistungen in Deutschland anbieten dürfen, werben findige Agenturen auch Einzelpersonen als Pflegerinnen an. Sie müssen in ihrem Heimatland ein Gewerbe anmelden und arbeiten dann als selbstständige Gewerbetreibende in Deutschland. Das ist legal, allerdings darf es sich nicht um eine Scheinselbstständigkeit handeln – was bei nur einem Auftraggeber gegeben ist und dadurch wieder unrechtsmäßig ist.

Die Kosten schwanken zwischen ca. 1 000 und 2 000 Euro pro Monat, zuzüglich Fahrtkosten und freier Kost und Logis.

Auch hier gilt, dass man die pflegerische Qualifikation nicht unbedingt überprüfen kann, auch wenn Vermittler dies anders versprechen. Hinzu kommt, dass man eventuelle pflegerische Tätigkeiten nicht mit der Pflegekasse abrechnen kann, da diese Gewerbetreibenden keinen Versorgungsvertrag mit den Pflegekassen haben. Sie können also höchstens das Pflegegeld zur Bezahlung einsetzen, etwaige notwendige pflegerische Maßnahmen (insbesondere Behandlungspflege wie Verband wechseln, Spritzen verabreichen) müssten Sie selbst bezahlen.

## Der legale Weg

*Klaus und Beate Weiß haben zwei Jahre lang Beates pflegebedürftige Mutter liebevoll betreut. Doch inzwischen sind sie häufig sehr erschöpft und haben das Gefühl, dass allmählich ihre zwei Kinder zu kurz kommen. Deshalb ließen sie sich von der Arbeitsagentur die Haushaltshilfe Barbara K. vermitteln. Sie übernimmt einen Großteil der Hausarbeit und spricht gut genug Deutsch, um sich mit der alten Dame zu unterhalten und ihr jeden Abend vorzulesen. Familie W. bezahlt rund 1 400 Euro, darin enthalten sind rund 1 000 Euro Bruttolohn für Frau K. und 400 Euro Arbeitgeberanteil an Renten-, Arbeitslosen- und Krankenversicherung.*

Um die Familien von Pflegebedürftigen zu entlasten und gleichzeitig dem Pflegemarkt nicht durch „Dumpingpreise“ aus Osteuropa zu schaden, dürfen seit 2005 Haushaltshilfen aus den neuen EU-Ländern legal eingestellt werden.

Seit Beginn des Programms haben über 5 000 Haushalte dieses Angebot genutzt – mit steigender Tendenz: Im ersten Halbjahr 2007 lag die Zahl bereits 30 Prozent höher als im Vorjahreszeitraum.

Die Haushaltshilfen sollen die pflegenden Angehörigen entlasten, indem sie ihnen haushälterische Tätigkeiten, also das Einkaufen, Aufräumen, Waschen, Putzen oder Kochen, und Betreuungsleistungen (Spazieren gehen, Plaudern etc.) abnehmen.

Pflegerische Leistungen hingegen, zum Beispiel eine Spritze geben oder Blutzucker messen, sind ihnen ausdrücklich nicht erlaubt.

In der Praxis sind die Grenzen zwischen haushälterischer und pflegerischer Versorgung oftmals fließend. Illegal ist es bereits, wenn eine Haushaltshilfe dem Pflegebedürftigen dabei hilft, sich zu waschen. Wer aber kontrolliert in der Praxis, wo die Hausarbeit aufhört und die pflegerische Tätigkeit beginnt? Natürlich gelten die gleichen Bedenken wie bei den anderen Möglichkeiten:

Die Qualität pflegerischer Leistungen wird nicht überprüft, die – fremde – Person lebt meist mit im Haushalt, mit allen Vor- und Nachteilen die solch eine Lösung mit sich bringt.

Voraussetzungen für die Einstellung einer ausländischen Haushaltshilfe sind:

- Im Haushalt muss ein Angehöriger mit Pflegestufe 1–3 leben.
- Die Vermittlung darf nur über das Arbeitsamt erfolgen.
- Eine Arbeitserlaubnis muss vorliegen; sie gilt für bis zu drei Jahre.
- Die Angestellte darf nur für haushaltsnahe Tätigkeiten eingesetzt werden.
- Eine angemessene Unterkunft muss gestellt werden.
- Das Gehalt muss den tariflichen oder ortsüblichen Bedingungen entsprechen. Davon können die Kosten für Unterkunft und Verpflegung – bis zu einem Höchstbetrag von etwa 390 Euro – abgezogen werden.
- Die wöchentliche Arbeitszeit darf 38,5 Stunden nicht überschreiten, und es besteht ein Urlaubsanspruch.
- Es gilt eine Versicherungspflicht für Kranken-, Pflege-, Renten-, Unfall- und Arbeitslosenversicherung.

Wenn Sie eine Haushaltshilfe aus Osteuropa einstellen wollen, wenden Sie sich an die örtliche Agentur für Arbeit. Dort legen Sie den Nachweis der Pflegestufe vor und füllen einen vorformulierten Arbeitsvertrag aus. Die Arbeitsagentur prüft dann zunächst, ob nicht auch eine deutsche Arbeitskraft zur Verfügung steht. Ist dies nicht der Fall, leitet sie die Unterlagen an die Zentrale Auslands- und Fachvermittlung (ZAV) weiter, die Ihnen aus ihrem Bewerberpool kostenlos eine geeignete Mitarbeiterin vermittelt.

Die ZAV versucht Ihre persönlichen Wünsche und Anforderungen zu berücksichtigen und prüft zudem die Deutschkenntnisse der Bewerber. Partnerländer der ZAV sind Polen, Slowenien, Ungarn, Bulgarien, Rumänien, die Slowakische und die Tschechische Republik.

Wenn Sie die Person, die Sie beschäftigen wollen, bereits namentlich kennen, leitet die ZAV die Anforderung an das entsprechende Land weiter. Auch wer bereits eine illegale Pflegerin beschäftigt, kann also darüber nachdenken, ihren Status zu legalisieren und sie bei der Arbeitsagentur anzumelden. Von der Antragstellung bis zur Arbeitsaufnahme sollten Sie mit einer Dauer von fünf bis sieben Wochen rechnen.

Vor Vertragsbeginn müssen Sie bei der Arbeitsagentur die sogenannte Arbeitserlaubnis-EU beantragen. Beim Ausfüllen ist Ihnen bei Bedarf der telefonische Kundenservice der ZAV behilflich. Außerdem müssen Sie die Haushaltshilfe bei der Sozialversicherung anmelden. Die Haushaltshilfe selbst muss sich nach der Einreise polizeilich anmelden.

Die Bundesagentur für Arbeit in Deutschland vermittelt auch Pflegekräfte aus dem osteuropäischen Ausland, wenn

- die Pflegekraft einen gleichwertigen Ausbildungsstand bezogen auf deutsche berufsrechtliche Anforderungen hat,
- ausreichend deutsche Sprachkenntnisse bestehen und
- die Pflegeperson durch die Agentur für Arbeit auf Grund einer Absprache mit der Arbeitsverwaltung des Herkunftslandes vermittelt worden ist.

Weitere Informationen erhalten Sie bei der Agentur für Arbeit und bei der Zentralen Auslands- und Fachvermittlung (Adressen im Anhang).

## Ambulant betreute Wohngemeinschaften

Ambulant betreute Wohngemeinschaften sind eine Mischform aus ambulanter und stationärer Betreuung, juristisch gesehen gehören sie aber zur häuslichen Pflege. Noch stellen sie eher eine Randerscheinung dar, aber es finden sich immer mehr Modelle, die diese kleinräumige Versorgungsform übernehmen.

Die Pflegebedürftigen leben in einer großen Wohnung zusammen, führen aber rein rechtlich – und das ist der Unterschied zur vollstationären Betreuung – einen eigenen Haushalt. Es besteht eine strikte Trennung zwischen dem Vermieter und dem ambulanten Dienst, der die pflegerische und, wenn nötig, haushälterische Versorgung übernimmt.

Solche „Kleinstheime" mit häuslichem Charakter oder Wohngruppen, wie sie auch aus der Versorgung psychisch kranker Menschen bekannt sind, sind vor allem bei Menschen mit demenziellen Erkrankungen eine nahe liegende Betreuungsform, da eine quasi familiäre Versorgung gewährleistet ist.

Die Organisation dieser Wohngemeinschaften sieht wie folgt aus:

- Meist leben maximal sechs bis acht pflegebedürftige Personen in einer normalen Wohnung und einem ganz normalen Wohnumfeld.
- Die Ausstattung und Tagesabläufe sind wie in einem Privathaushalt.
- Die Bewohner beteiligen sich an Haushaltstätigkeiten wie Kochen, Einkaufen oder Putzen. Dies bewirkt den Erhalt motorischer und geistiger Fähigkeiten und vermeidet zudem Tendenzen zum Rückzug, Apathie und Depression.

- Ein ambulanter Pflegedienst übernimmt die Betreuung und Versorgung der Bewohner. Angehörige können sich beteiligen und einbringen.
- Da rechtlich ein eigener Haushalt besteht, erfolgt die Abrechnung der ambulanten Pflegeleistungen über die Pflegekasse.

Ambulant betreute Wohngemeinschaften erfreuen sich großer Nachfrage. Leider sind die sozialrechtlichen und gesetzlichen Beschränkungen (Heimrecht etc.) recht groß, sodass diese Versorgungsform noch nicht die Verbreitung erfahren hat, die entsprechend der Bedürfnisse der Pflegebedürftigen nahe läge. Zukünftig kann die Abrechnung und Inanspruchnahme von Leistungen flexibler erfolgen, sodass eine weitere Verbreitung dieser Betreuungsform gefördert wird.

Es gibt auch Modelle, solche Wohngemeinschaften innerhalb stationärer Einrichtungen zu etablieren, z.B. indem ein Wohnbereich innerhalb einer Pflegeeinrichtung umgestaltet und umorganisiert wird. Ob dies gelingt, hängt sehr von den örtlichen Gegebenheiten ab und stellt oftmals nur einen Kompromiss dar, denn die gesetzlichen Vorschriften für ein Pflegheim in baulicher, personeller und organisatorischer Hinsicht widersprechen teilweise einem familiären Umfeld wie es ambulante Wohngruppen anstreben.

Wenn Sie Interesse an einer Unterbringung in einer ambulanten Wohngemeinschaft haben, finden Sie im Adressteil Hinweise, an wen Sie sich wenden können.

## Übersicht über die Leistungen der Pflegeversicherung im häuslichen Bereich

(Stand 2008, Anpassungen bei einzelnen Leistungen in den Folgejahren)

| Leistungen | Stufe I | Stufe II | Stufe III |
|---|---|---|---|
| | Monatlich bis zu | | |
| Pflegesachleistung | 420 Euro | 980 Euro | 1 470 Euro |
| Pflegegeld | 215 Euro | 420 Euro | 675 Euro |
| Kombinationsleistungen | Pflegesachleistungen und Pflegegeld sind kombinierbar | | |
| | Bei professioneller Pflege im Haushalt oder Unterbringung in einem Heim | | |
| Ersatz- oder Verhinderungspflege | 1 432 Euro | 1 432 Euro | 1 432 Euro |
| | Bei Pflege durch Verwandte bis 2. Grades bzw. Personen, die in der häuslichen Gemeinschaft leben | | |
| | 215 Euro | 420 Euro | 675 Euro |
| Teilstationäre Tages- und Nachtpflege | 420 Euro | 980 Euro | 1 470 Euro |
| Kurzzeitpflege | 1 432 Euro | 1 432 Euro | 1 432 Euro |
| Pflegehilfsmittel | 31 Euro | 31 Euro | 31 Euro |
| Technische Hilfen im Haushalt und Pflegehilfsmittel | Zuzahlung 10 %, max. 25 Euro, häufig leihweise Überlassung durch die Pflegekasse | | |
| Pflegebedingte Umbaumaßnahmen | Bis zu 2 557 Euro je Maßnahme (es erfolgt Einkommensanrechnung) | | |

| Leistungen | Stufe I | Stufe II | Stufe III |
|---|---|---|---|
| Pflegekurse | Kostenlos | | |
| Zusätzliche Leistungen bei erheblichem Betreuungsaufwand | Bis zu 2400 Euro jährlich | | |

# 3 So finden Sie den geeigneten Pflegedienst

Wenn Sie sich dafür entschieden haben, bei der Pflege Ihres Angehörigen die Unterstützung eines professionellen Pflegedienstes in Anspruch zu nehmen, stehen Sie vor einer schwierigen Entscheidung. Welcher Dienst ist für Ihren Angehörigen und seine Situation der Beste? Wer bietet was an? Worauf muss besonders geachtet werden? Und vor allem: Wem können Sie das nötige Maß an Vertrauen entgegenbringen, das für die Pflege in den eigenen vier Wänden notwendig ist?

Das Angebot an ambulanten Pflegediensten ist mittlerweile fast unüberschaubar. Neben gemeinnützigen Trägern (z. B. Wohlfahrtsverbände) gibt es auch eine Vielzahl von privaten Anbietern, die um die Gunst der Pflegebedürftigen und ihrer Angehörigen konkurrieren. Dies macht die Suche nach dem „richtigen" Dienst zwar zunächst einmal aufwändig und mühevoll, doch das große Angebot bietet Ihnen auch die Möglichkeit, einen ambulanten Pflegedienst gezielt nach Ihren eigenen Wünschen und Anforderungen auszuwählen, sodass Sie auf längere Sicht vertrauensvoll zusammenarbeiten können.

## Pflegestützpunkte

Die Pflegekassen können zukünftig auf Antrag der Bundesländer Pflegestützpunkte für eine wohnortnahe Beratung einrichten. Aufgaben der Pflegestützpunkte werden sein: Auskunft und Beratung der Pflegeversicherten und der in ihrem Interesse handelnden Personen. Die Stützpunkte sollen gesundheitsfördernde, präventive, kurative, rehabilitative oder sonstige medizinische sowie pflegerische und soziale Hilfs- und Unterstützungsangebote vermitteln und koordinieren.

Diese Pflegestützpunkte wären dann auch die ersten Anlaufstellen, wenn Sie einen ambulanten Dienst suchen oder sonstige Fragen zur Pflege Ihres Angehörigen haben.

Grundsätzlich gilt: Bevor Sie sich auf die Suche nach einem ambulanten Pflegedienst machen, sollten Sie genau überlegen, welche Hilfe für Pflege, Hauswirtschaft oder Betreuung notwendig ist. Hinweise darauf finden Sie unter anderem im Gutachten des Medizinischen Dienstes der Kassen. Auch Ihr Hausarzt kann Sie darüber informieren. Anschließend sollten Sie klären, wie die benötigte Hilfe erbracht werden kann. Was können Familienmitglieder oder Nachbarn leisten? Wofür möchten Sie professionelle Kräfte einsetzen?

Auf jeden Fall sollten Sie sich Zeit nehmen, vor Vertragsabschluss mehrere Anbieter zu vergleichen, denn die Leistungen und Preise der Pflegedienste können durchaus unterschiedlich sein.

Überlegen Sie auch, welche grundsätzlichen Ansprüche Sie an die professionellen Pflegekräfte stellen, z. B. hinsichtlich der Einhaltung bestimmter Zeiten, keinen Personalwechsel oder Nichtraucher.

## Der erste Kontakt zum Pflegedienst

Ambulante Pflegeeinrichtungen sind, so steht es im Pflegeversicherungsrecht, „selbstständig wirtschaftende Einrichtungen, die unter ständiger Verantwortung einer ausgebildeten Pflegefachkraft Pflegebedürftige in ihrer Wohnung pflegen und hauswirtschaftlich betreuen".

Teilweise erbringen ambulante Pflegeeinrichtungen auch darüber hinausgehende Dienstleistungen wie zum Beispiel Pflegekurse, Hilfsmittelberatung oder Vermittlung bzw. Angebot von Mahlzeitendiensten.

Bis Mitte der 80er-Jahre war der Markt ambulanter Pflegeleistungen durch die Wohlfahrtsverbände, vergleichbare freigemeinnützige Organisationen und freiberuflich arbeitende Pflegekräfte bzw. Gemeindeschwestern geprägt. Aus dieser geschichtlichen Entwicklung heraus stammen verschiedene synonyme Begriffe: Gemeindepflegestationen, Diakoniestationen, mobile Pflegedienste, Pflege- oder Sozialstationen.

Seit den späten 80er-Jahren wurde im Zuge knapper werdender finanzieller Mittel für den Gesundheitssektor die Krankenhausversorgung zu Gunsten ambulanter Pflege und Betreuung abgebaut und der Grundsatz „ambulant vor stationär" geschaffen. Die öffentliche Hand förderte den Aufbau entsprechender Versorgungsstrukturen durch frei-gemeinnützige Träger. Parallel dazu wurden auch vermehrt private Pflegedienste gegründet und zugelassen, deren Marktanteil mit Einführung der Pflegeversicherung nochmals einen Schub erfahren hat.

Im Gegensatz zu privaten Pflegediensten gehören Sozialstationen im allgemeinen Verständnis der freien Wohlfahrtspflege, den Kommunen oder den Kirchen an und sind auf Gemeinnützigkeit ausgerichtet. Mittlerweile ist diese Trennung aber nicht mehr ganz so eindeutig, denn auch Wohlfahrtsverbände überführen ihre Sozialstationen in andere, erwerbswirtschaftlich orientierte Rechtsformen.

Der ambulante Pflegemarkt in Deutschland ist heute annähernd zu gleichen Teilen zwischen frei-gemeinnützigen und privaten Anbietern aufgeteilt: Von den knapp über 10000 zugelassenen ambulanten Pflegediensten sind 52 % in privater, 46 % in frei-gemeinnütziger und 2 % in öffentlicher Trägerschaft. 98 % der ambulanten Anbieter bieten sowohl Leistungen nach SGB V (Behandlungspflege, genehmigt und finanziert durch die Krankenkasse) als auch nach SGB XI (Pflegeleistungen im Sinne der Pflegeversicherung) an.

Wie finden Sie einen Pflegedienst in Ihrer Nähe? Adressen erhalten Sie in der Regel

- bei Beratungsstellen wie Seniorenbüros, Pflegeberatungsstellen etc.,
- in Broschüren wie Seniorenwegweisern,
- aus dem Telefonbuch/ Branchentelefonbuch (Gelbe Seiten),
- bei Kirchengemeinden,
- bei Kranken-/Pflegekassen, die eine Liste der zugelassenen Pflegedienste in Ihrer Nähe bereithalten.

Wenn Sie einen in Frage kommenden Pflegedienst anrufen oder besuchen, ist schon Ihr erster Eindruck mitentscheidend: Ist Ihr Gesprächspartner höflich, freundlich und auskunftsbereit? Stellt er Ihnen schriftliche Informationen zur Verfügung? Keine gute Qualität versprechen Aussagen wie:

- „Wir sind im Moment knapp mit Personal, wir können daher nicht zu genau festgelegten Zeiten kommen."
- „Wir haben zwar schon viele Pflegefälle, aber wir können Sie noch dazwischen schieben."
- „Wir haben Zivildienstleistende im Einsatz, daher können wir Sie kurzfristig übernehmen."

Der Pflegedienst sollte Ihnen anbieten, im Rahmen eines Hausbesuchs eine Erstberatung durchzuführen, die möglichst kostenlos ist.

Überlegen Sie vorher, welche Punkte für Sie besonders wichtig sind und notieren Sie sich offene Fragen auf einem Merkzettel. Das Erstgespräch können Sie anhand der Checkliste im Anhang vorbereiten. Sie kann Ihnen auch dabei helfen, nach dem Besuch Ihre Erwartungen, die Leistungen des Pflegedienstes und Ihren persönlichen Eindruck abzugleichen.

Ratsam ist es auch, dass Erstgespräch nicht allein zu führen. Zu zweit oder zu dritt können Sie hinterher Ihre Eindrücke nochmals austauschen und abklären, ob Ihre Erwartungen wahrscheinlich erfüllt werden.

Wichtige Fragestellungen beim Erstgespräch sind unter anderem:

- Fragen Sie, ob der Dienst alle für Sie notwendigen Hilfen anbietet oder vermittelt.
- Äußern Sie Ihre wichtigsten Wünsche bezüglich Leistungen und Zeiten und fragen Sie nach, ob der Pflegedienst diese erfüllen kann. Ansonsten vergeuden sowohl Sie als auch der Pflegedienst wertvolle Zeit.
- Fragen Sie insbesondere, ob der Pflegedienst einen Versorgungsvertrag mit der Pflegekasse hat, um die entsprechenden Leistungen abzurechnen.
- Wichtig ist auch, ob er für die Behandlungspflege zugelassen ist. Wenn Sie neben der pflegerischen Betreuung auch einmal solche ärztlich verordneten Leistungen benötigen, müssen Sie den Pflegedienst nicht wechseln.
- Arbeitet der Dienst vorwiegend mit Stammpersonal? Wie hoch ist die Fluktuation?

- Kann er Ihnen bei der Durchsetzung von Ansprüchen gegenüber Kostenträgern wie Pflegekasse oder Sozialamt behilflich sein? Die Unterstützung eines erfahrenen Pflegedienstes kann Ihnen z. B. bei der Beantragung der Pflegeeinstufung behilflich sein.
- Der Pflegedienst sollte Sie über Leistungen der Kostenträger wie Pflegehilfsmittel und deren Beantragung informieren und beraten können.
- Kann Ihnen für die Körper- und Intimpflege eine entsprechende Pflegekraft zugesagt werden?
- Kann der Pflegedienst Ihnen vor Ort richtige Lagerungsmethoden und rückenschonende Griffe zeigen?
- Bietet er Kurse für pflegende Angehörige an?

Wichtig ist aber vor allem auch, dass man sich sympathisch ist. Denken Sie immer daran: Sie lassen fremde Menschen in Ihre Privatsphäre hinein.

## Der Pflegevertrag

Bevor Sie sich für einen Pflegedienst entscheiden, sollten Sie ins Kleingedruckte des Pflegevertrags schauen. Hier wird unter anderem festgehalten, welche Leistungen der Dienst erbringt. Bestimmte Inhalte sind dabei per Gesetz vorgeschrieben.

Formale Vertragsbestandteile sind:

- Name, Vorname, Geburtsdatum des Pflegebedürftigen, Anschrift mit Telefonnummer
- Anschrift und Telefonnummer des Pflegedienstes
- Name und Beruf der Pflegedienstleitung

- Name der zuständigen Person(en) für den Pflegebedürftigen
- Haftpflichtversicherung des Pflegedienstes
- Adressen und Anschrift der Angehörigen
- Name und Anschrift der zuständigen Kranken- bzw. Pflegekasse
- Pflegestufe
- Beschreibung der Pflegeleistung, Auflistung von zusätzlichen Leistungen
- Preise für alle Pflege- und Zusatzleistungen
- Qualitätsmerkmale: regelmäßige Überprüfung der Pflegeplanung
- Ort, wo die Pflegeleistung erbracht wird
- Hauswirtschaftliche Leistungen
- Leistungen, welche von Zivildienstleistenden bzw. anderen Hilfskräften erbracht werden
- Dauer der Dienstleistung
- Kündigungsbedingung
- Ort, Datum sowie Unterschrift der pflegebedürftigen Person und der Leitung des mobilen Pflegedienstes

Auf folgende Punkte im Vertrag und deren Erfüllung sollten Sie besonders achten und bestehen:

- **Vertragspartner:** Vertragspartner sollte nur der Pflegebedürftige selbst sein. Stehen zum Beispiel Angehörige mit im Vertrag, kann der Pflegedienst bei diesen auch finanzielle Ansprüche geltend machen. Der Vertrag muss vom Pflegebedürftigen selbst unterschrieben werden. Tut dies ein Dritter (z. B. Sie als Angehöriger), dann haften Sie auch z. B. beim Begleichen der Rechnung. Kann ein Pflegebedürftiger den Vertrag nicht mehr selbst abschließen, muss ein Bevollmächtigter oder ein gesetzlicher Vertreter für ihn eintreten.

Eine weitere Möglichkeit ist, dass Sie als Angehöriger einen sogenannten „Vertrag zugunsten Dritter“ abschließen. Damit sind Sie allerdings verpflichtet, Zahlungen zu übernehmen, wenn die Pflegeversicherung keine Leistungen (mehr) gewährt.

- **Leistungen und Kosten:** In jedem Pflegevertrag müssen nicht nur die Leistungen und Kosten des Pflegedienstes genau beschrieben sein, sondern auch die Kostenbeteiligung von Pflegekasse und Krankenkasse. Lassen Sie sich durch den Pflegedienst eine Beispielrechnung erstellen. Sie können dann nicht nur ersehen, wie hoch Ihr Eigenanteil ist, sondern auch den Vertrag besser mit anderen Angeboten vergleichen.
- **Pflegeplanung:** Im Vertrag sollte geregelt sein, dass der Pflegedienst verpflichtet ist, eine Pflegeplanung anzulegen und nach dieser zu arbeiten. In der Pflegeplanung werden die sogenannten Pflegeprobleme, d.h. eingeschränkte Fähigkeiten beschrieben (z.B. „eingeschränkte Bewegungsfähigkeit“), die dazugehörigen Pflegeziele („sich selbst waschen und pflegen können“) formuliert und die entsprechenden pflegerischen Handlungen („Unterstützung bei der Körperpflege“) beschrieben. Sie dient also als Arbeitsanleitung für die Pflegekräfte, die zu Ihnen ins Haus kommen.
- **Leistungsnachweise:** Im Pflegevertrag sollte festgelegt sein, dass Sie die Leistungsnachweise jederzeit einsehen können. Die Leistungsnachweise sind die Grundlage, auf der die Pflegedienste monatlich mit den Kassen abrechnen. Pflegebedürftige müssen die Leistungsnachweise regelmäßig abzeichnen. Sie sollten nicht blind unterschreiben, sondern sie vorher mit der Pflegedokumentation vergleichen. Pflegebedürftige oder Angehörige sollten jeden Monat eine Kopie des Leistungsnachweises machen bzw. sich aushändigen lassen.

- **Pflegedokumentation:** Der Pflegedienst sollte sich dazu verpflichten, eine Pflegedokumentation zu führen. Die Pflegedokumentation dokumentiert täglich, welche Aufgaben erledigt wurden, und sollte zu Hause, d. h. bei Ihnen oder beim Pflegebedürftigen verbleiben, sodass Sie sie jederzeit kontrollieren bzw. mit den ausgeführten Leistungen vergleichen können sowie mögliche Veränderungen jederzeit nachvollziehen können. Dies ist auch entscheidend, falls im Laufe der Zeit die Pflegestufe angepasst werden soll, denn die Pflegedokumentation ist ein entscheidender Bestandteil für das Gutachten des MDK.
- **Anzahl der Pflegepersonen:** Der Pflegebedürftige sollte laut Vertrag von nicht mehr als ein bis zwei Pflegepersonen (Ausnahme bei Krankheit, Urlaub und erhöhtem Pflegebedarf) gepflegt werden.
- Bei der **Abrechnung** sollten Sie darauf achten, dass am Monatsanfang für den Vormonat abgerechnet wird. Keinesfalls sollten im Pflegevertrag Voraus- oder Abschlagsrechnungen vereinbart werden. Auch eine Einzugsermächtigung ist nicht ratsam: Wenn Sie die Rechnung per Überweisung begleichen, haben Sie nicht nur einen besseren Überblick über das Konto, sondern können den Betrag auch kürzen, falls Sie mit der erbrachten Leistung nicht zufrieden sind. Leistungen, die mit der Pflege- oder Krankenkasse abzurechnen sind, sollte der Pflegedienst dort direkt in Rechnung stellen.
- **Haftung:** Im Pflegevertrag sollte eine uneingeschränkte Haftung des Pflegedienstes vereinbart werden. Seine Haftung für die Pflegeleistungen darf nicht eingeschränkt werden. Der Pflegedienst sollte auch für Schäden durch Mitarbeiter, z. B. einen verloren gegangenen Schlüssel, zerkratzte Möbel oder zerbrochenes Porzellan, haften und über eine ausreichende

Haftpflicht- und Berufshaftpflichtversicherung für sich und seine Kooperationspartner verfügen.

- **Kündigungsfrist:** Innerhalb von 14 Tagen nach dem ersten Einsatz bzw. nach Aushändigung des Vertrags können Sie erstmals kündigen. Auch danach sollte die Kündigungsfrist für Sie nicht länger als 14 Tage und für den Pflegedienst drei Monate betragen. Schriftlich festhalten sollten Sie auf jeden Fall, dass bei stationären Krankenhausaufenthalten der Pflegevertrag ruht, und dass das Pflegeverhältnis beim Tod des Pflegebedürftigen sofort endet. Sollte die Kündigungsfrist seitens des Pflegedienstes kürzer als drei Monate sein, so muss er sich zumindest dazu verpflichten, die vertraglich geregelten Leistungen so lange zu erbringen, bis Sie einen neuen Pflegedienst gefunden haben. Wenn wichtige Gründe (z. B. Diebstahl, Körperverletzung) vorliegen, haben Pflegebedürftige natürlich auch das Recht, fristlos zu kündigen.
- **Entgelterhöhungen:** Der Vertrag sollte eventuelle Entgelterhöhungen regeln. Sie müssen mindestens vier Wochen im Voraus angekündigt werden. Faktoren dafür und die Notwendigkeit müssen genau beschrieben und begründet werden.

## Was tun, wenn Sie mit dem Pflegedienst nicht zufrieden sind?

Nach Vertragsabschluss haben Sie 14 Tage Zeit, die Zusammenarbeit mit dem Pflegedienst zu testen. In dieser Zeit können Sie ohne Angabe von Gründen vom Vertrag zurücktreten. Nutzen Sie dafür auch die Checkliste im Anhang und vertrauen Sie ihrem „Bauchgefühl" – Sie müssen sich wohlfühlen und mit den

Personen, die zu Ihnen ins Haus kommen, gut zusammenarbeiten.

Bei Unstimmigkeiten oder Beschwerden sollten Sie sich zunächst an die betreffende Person oder die Pflegedienstleistung wenden. Wenn daraufhin keine Abhilfe geschaffen wird, können Sie sich an die Pflegekasse wenden. Zudem haben Sie bei groben Vorkommnissen und Pflegefehlern immer ein außerordentliches Kündigungsrecht.

# 4 Teilstationäre Pflege

Zu den Leistungen der Pflegeversicherung gehört neben der häuslichen und der vollstationären Versorgung auch die teilstationäre Pflege, quasi eine Zwischenform zwischen der Betreuung zu Hause und im Heim. Teilstationäre Pflege dient der Entlastung der pflegenden Angehörigen und soll die häusliche Pflege unterstützen bzw. eine vollstationäre Versorgung hinauszögern.

## Tages- und Nachtpflege

Teilstationäre Pflege beinhaltet Tages- und Nachtpflege: Der Pflegebedürftige lebt weiterhin im eigenen Haushalt oder in der Familie der Pflegeperson, besucht aber ergänzend tage- oder stundenweise eine entsprechende Pflegeeinrichtung.

Die Tagespflege bietet pflegebedürftigen Menschen die Möglichkeit, an Gemeinschaftsangeboten mit anderen teilzunehmen und gewährleistet die Versorgung mit Frühstück, Mittagessen und Nachmittagskaffee. Diese Form der Betreuung eignet sich besonders für Personen mit leichten geistigen bzw. dementiellen Veränderungen, da in Tagespflegeeinrichtungen noch vorhandene geistige Fähigkeiten entsprechend gefördert werden. Meist sind Tagespflegeplätze an schon bestehende vollstationäre Pflegeeinrichtungen angeschlossen.

*Frau Müller lebt nach einem Schlaganfall bei ihrer Tochter. In letzter Zeit kommen noch dementielle Veränderungen zum Krankheitsbild hinzu, die es der Tochter zunehmend erschweren, das Haus zu verlassen. Die Tagespflege ermöglicht es ihr, auch einmal in Ruhe einkaufen zu gehen oder Freunde zu treffen, um so den nötigen Abstand zu gewinnen. Frau Müller besucht an drei Tagen in der Woche eine Tagespflegeeinrichtung, die die Tochter ausgesucht hat. Der Fahrdienst der Tagespflege holt Frau Müller morgens ab, dann stehen dort ein gemeinsames Frühstück, Beschäftigungsangebote, das gemeinsame Mittagessen und eine Ruhephase auf dem Programm. Nach dem Kaffee wird Frau Müller wieder nach Hause gefahren.*

Nachtpflege bedeutet, dass der Pflegebedürftige abends und über Nacht in der Einrichtung verbleibt und tagsüber zu Hause betreut wird.

Teilstationäre Pflege kann und sollte in Anspruch genommen werden, wenn

- pflegende Angehörige überlastet sind,
- pflegende Angehörige berufstätig sind,
- der Pflegebedürftige nachtaktiv ist und pflegende Angehörige deshalb unter Schlafmangel leiden,
- Pflegebedürftige vereinsamt sind (weil z.B. keine Angehörigen in der Nähe wohnen),
- Rehabilitationsmaßnahmen nötig sind, die nicht in der häuslichen Umgebung durchgeführt werden können,
- es notwendig ist, eine Tagesstrukturierung zu vermitteln – dies gilt insbesondere für demenzkranke Pflegebedürftige.

### Wer übernimmt die Kosten?

Die Pflegekasse trägt die pflegebedingten Kosten der Tages- oder Nachtpflege. Die Kosten für die Verpflegung muss der Pflegebedürftige selbst tragen.

Allerdings werden die pflegebedingten Kosten auf die Leistungen in der häuslichen Pflege angerechnet. Da der Gesetzgeber teilstationäre Pflege als Pflegesachleistung versteht, gelten dieselben Obergrenzen, die auch für Pflegesachleistungen im häuslichen Bereich festlegt sind.

Im Rahmen der Reform der Pflegeversicherung wurde beschlossen, dass zukünftig Anspruch auf Tagespflege besteht und zusätzlich ein hälftiger Anspruch auf die jeweilige ambulante Sachleistung oder das Pflegegeld für die weiterhin zu Hause notwendige Pflege. Dies ist eine erhebliche Verbesserung, da die Tagespflege eine große Entlastung für die Angehörigen darstellt und nun leichter in Anspruch genommen werden kann, da noch finanzielle Mittel für die Pflege zu Hause zur Verfügung stehen.

## Kurzzeitpflege

Kurzzeitpflege wird gewährt, wenn

- die Pflegeperson überlastet ist, da sich der Gesundheitszustand des Pflegebedürftigen plötzlich verschlechtert hat,
- die Pflegeperson erkrankt ist,
- die Pflegeperson verreist,
- eine Zeitspanne nach einem Krankenhausaufenthalt des Pflegebedürftigen überbrückt werden muss, z. B. wenn die Wohnung noch umgebaut wird oder die Pflegeperson noch nicht zur Verfügung steht.

Neu ist, dass nun auch Kurzzeitpflege in Anspruch genommen werden kann, wenn die Pflegebedürftigkeit nicht länger als sechs Monate dauert, was eigentlich eine Voraussetzung für die Gewährung von Pflegeleistungen ist (vgl. Kapitel 1). Das bedeutet, dass z. B. nach einem Krankenhausaufenthalt Ihr Angehöriger in einer Pflegeeinrichtung versorgt werden und sich erholen kann, bevor er nach Hause zurückkehrt.

Kurzzeitpflege bedeutet immer eine kurzfristige Unterbringung in einer vollstationären Einrichtung, meist mit dem Ziel, wieder in die Häuslichkeit zurückzukehren.

Anbieter von Kurzzeitpflege sind meist vollstationäre Pflegeeinrichtungen, aber es gibt auch sogenannte solitäre Kurzzeitpflegeeinrichtungen. Die Pflegebedürftigen erhalten eine pflegerische und bei Bedarf auch medizinische Rund-um-die-Uhr-Versorgung.

*Herr Meier leidet an Demenz und wird von seiner Ehefrau zu Hause versorgt. Da die Pflege ihres Mannes anstrengend und kräftezehrend ist, benötigt sie dringend eine Auszeit. Ihr Arzt schlägt ihr vor, einmal allein in Urlaub zu fahren und neue Energie zu schöpfen. Zu ihrer Beruhigung schlägt er ihr vor, ihren Mann in einem Altenpflegeheim unterzubringen, wo er gut versorgt wird. Zuerst hat sie Bedenken, aber dann stimmt sie zu, da es schließlich nur vorübergehend ist.*

## Wer übernimmt die Kosten?

Der Anspruch auf Kurzzeitpflege ist von der Pflegekasse je Kalenderjahr auf maximal 28 Tage bzw. höchstens 1 432 Euro begrenzt. Die Kosten für Unterkunft und Verpflegung muss der Pflegebedürftige selbst tragen.

Wenn die Kurzzeitpflege im Anschluss an einen Krankenhausaufenthalt erbracht wird und noch keine Einstufung in eine Pflegestufe erfolgt ist, sollten Sie schon während des stationären Aufenthalts einen Antrag auf Pflegebedürftigkeit stellen.

# 5 Vollstationäre Pflege

Wenn häusliche Pflege nicht ausreicht oder nicht geleistet werden kann, ist die vollstationäre Pflege in einem Pflegeheim oftmals die Alternative. Diese Lösung ist nicht nur bei den meisten Betroffenen die am wenigsten beliebte, sondern auch der Gesetzgeber sieht vor, diese – im Durchschnitt teuerste – Art der Versorgung möglichst lange hinauszuzögern.

Die Pflegekasse unterstellt die Notwendigkeit einer vollstationären Pflege, wenn

- eine Pflegeperson fehlt,
- eine Überlastung der Pflegeperson droht oder bereits eingetreten ist,
- eine Verwahrlosung des Pflegebedürftigen droht oder bereits eingetreten ist,
- die räumliche Situation eine Pflege nicht zulässt und auch keine Maßnahmen zur Wohnraumanpassung durchführbar sind,
- eine Pflegebedürftigkeit der Pflegestufe 3 vorliegt.

Wechseln Sie von der häuslichen zur stationären Pflege, wird die Pflegestufe grundsätzlich übernommen, aber üblicherweise noch einmal durch den Medizinischen Dienst überprüft (Wiederholungsgutachten).

Auch wenn Sie eine Höherstufung beantragen, nimmt der MDK eine weitere Begutachtung vor. Neben der Einschätzung der Pflegestufe wird dann auch geprüft, ob eine häusliche oder teilstationäre Pflege möglich wäre oder eine vollstationäre Pflege gerechtfertigt ist.

## Was kostet die vollstationäre Pflege?

Mit den Heimkosten werden die Leistungen abgegolten, die ein Pflegeheim anbietet. Dabei ist der Heimträger gesetzlich verpflichtet, seine Leistungen nach Art, Inhalt und Umfang im Einzelnen zu beschreiben gesondert aufzuführen.

Heime, die Pflegebedürftige betreuen, dürfen nur die Kostensätze berechnen, die in der Pflegesatzkommission (Spitzenverbände der Pflegekassen, der Sozialhilfeträger und der Heimträger) für Unterkunft, Verpflegung, Pflege und Zusatzleistungen ausgehandelt wurden. Die Kostensätze sind nach Grad der Pflegebedürftigkeit, sprich nach Pflegestufen gestaffelt.

Die Kosten für eine vollstationäre Unterbringung setzen sich aus verschiedenen Beträgen zusammen:

### Kosten für die Pflege

Wenn seine Pflegebedürftigkeit festgestellt wurde, hat der Bewohner Anspruch auf Leistungen der Pflegeversicherung. Sie beinhaltet die Kosten für die allgemeinen Pflegeleistungen (z. B. Waschen, Anreichen von Essen), die Behandlungspflege (z. B. Verbände anlegen, Einsalben) und die soziale Betreuung. Die Pflegeversicherung finanziert also nur die Pflege und übernimmt nicht die Aufwendungen für Unterkunft, Verpflegung und Investitionen.

### Kosten für Unterkunft und Verpflegung

Die Kosten für Unterkunft, Verpflegung, Zimmerreinigung und sonstigen Service (auch „Hotelkosten" genannt) muss der Pflegebedürftige, wie bei der häuslichen Pflege auch, selbst tragen. Nach einem Urteil des Bundesgerichtshofs dürfen Einrichtungen, die Versorgungsverträge mit den Pflegekassen haben, die Kosten für Unterkunft und Verpflegung in einem gemeinsamen Betrag ausweisen. Wird die Nahrung ausschließlich oder überwiegend per Magensonde (PEG) verabreicht, muss der Anteil für Verpflegung reduziert werden.

## Investitionskosten

Die Investitionskosten werden auf einen monatlichen Betrag umgerechnet und dem Bewohner in Rechnung gestellt. Dies sind zum Beispiel Kosten für Umbau- oder Ausbaumaßnahmen des Heimes, Modernisierungsarbeiten oder Instandhaltung. Reichen das eigene Einkommen und Vermögen nicht aus, um die Investitionskosten zu zahlen, beteiligen sich in einigen Bundesländern die Sozialhilfeträger an den Investitionskosten. Auskünfte dazu erhalten Sie direkt bei den Altenheimen oder bei den Sozialämtern.

## Ausbildungsumlage

Je nach Heim und Bundesland kann den Heimbewohnern ein Beitrag zur Ausbildungsvergütung in Rechnung gestellt werden. Damit sollen die Lohnkosten von Auszubildenden in der Altenpflege und Altenpflegehilfe finanziert werden. Das gilt in den meisten Bundesländern jedoch nur für die Einrichtungen, die selbst ausbilden. Die Kosten belaufen sich auf etwa einen Euro pro Tag.

## Zusatzleistungen

Über die üblichen Kosten hinaus können Heimbewohner mit dem Heim Zusatzleistungen vereinbaren. Dies gilt für besondere Komfortleistungen für Unterkunft und Verpflegung (z. B. Reparatur von Kleidung oder Nutzung der Gemeinschaftsräume für private Feiern) sowie für Leistungen, die über die notwendigen pflegerisch-betreuenden Leistungen hinausgehen (z. B. eine aufwändige Frisur oder ein individueller Vorleseservice).

Vereinbarungen über Zusatzleistungen müssen vertraglich festgehalten werden.

Der Pauschalbetrag, den die Pflegekasse übernimmt, darf aber 75 Prozent des Gesamtbetrages aus Pflegesatz, Entgelt für die Unterkunft und Verpflegung und gesondert berechenbare Investitionskosten nicht übersteigen. Es bleibt ein Eigenanteil von mindestens 25 Prozent. Wenn Sie für den Eigenanteil nicht selbst aufkommen können, kann er gegebenenfalls vom Sozialhilfeträger übernommen werden.

Die stationären Sachleistungsbeträge der Pflegestufen 1 und 2 bleiben in den nächsten Jahren zunächst unverändert. Die Beträge für Stufe 3 und Härtefälle werden dagegen bis 2012 stufenweise angehoben:

| | *2008* | *2010* | *2012* |
|---|---|---|---|
| Pflegestufe 1 | 1 023 Euro | 1 023 Euro | 1 023 Euro |
| Pflegestufe 2 | 1 279 Euro | 1 279 Euro | 1 279 Euro |
| Pflegestufe 3 | 1 470 Euro | 1 510 Euro | 1 550 Euro |
| Härtefall | 1 750 Euro | 1 825 Euro | 1 918 Euro |

## Pflegehilfsmittel bei vollstationärer Pflege

Lange Zeit war strittig, welche Pflegehilfsmittel das Pflegeheim vorhalten muss und welche trotz Heimaufenthalts von der Krankenkasse bezahlt werden. Die Pflegekasse übernimmt keine Kosten für Hilfsmittel im Heim, die bereits im Heimentgelt enthalten sind.

Allgemein übliche Hilfsmittel wie Rollstühle oder Matratzenauflagen zur Verhinderung von Dekubiti (Druckgeschwüren), aber auch Bettschutzauflagen und Einmalhandschuhe muss das Pflegeheim stellen, ohne sie gesondert in Rechnung zu stellen.

Die Krankenkasse trägt die Kosten, wenn das Hilfsmittel
- einer medizinischen Behandlung dient,
- eine Krankheit verhindert,
- individuell angepasst wird und grundsätzlich nur von der betroffenen Person verwendet wird (z. B. Hörgerät, Prothese, Brille),
- ein allgemeines Bedürfnis, z. B. Mobilität außerhalb des Heimgeländes, stillt. Dies trifft etwa auf einen Rollstuhl zu, der individuell angepasst wird und dem Bewohner ermöglicht, sich außerhalb des Heimes zu bewegen.

Die Krankenkasse übernimmt üblicherweise auch die Kosten für Vorlagen und Windelhosen im Heim. Voraussetzung für Leistungen der Krankenkasse ist eine ärztliche Verschreibung.

# 6 So finden Sie das richtige Pflegeheim

Ist die Entscheidung für einen Umzug in ein Heim gefallen, sollten Sie ihn frühzeitig durchdenken und vorbereiten.

Am unproblematischsten ist es, wenn der Pflegebedürftige noch selbst dazu in der Lage ist, verschiedene Häuser zu besichtigen und sich für eines zu entscheiden. Hier können Angehörige, wenn dies gewünscht ist, begleitend und beratend zur Seite stehen. Zu einer sehr schwierigen Aufgabe wird es für viele Angehörige, wenn sich der Pflegebedürftige nicht mehr an der Entscheidung beteiligen kann. Denn dann sind sie selbst gefragt und müssen für ihn die Wahl treffen.

Drei Punkte sollten Sie in einem solchen Fall bei der Auswahl beachten:

- Nehmen Sie sich Zeit für die Entscheidung!
- Informieren Sie sich ausgiebig!
- Beziehen Sie Ihren Angehörigen so weit wie möglich in die Entscheidung mit ein.

## Grundsätzliche Überlegungen und Prioritäten

Als ersten Schritt sollten Sie – gemeinsam mit Ihrem Angehörigen – überlegen, welche Kriterien für Ihre Auswahl wichtig sind. Diese können z. B. sein:

- die Nähe zum bisherigen Wohnort,
- die Möglichkeit, ein Einzelzimmer zu beziehen,
- eine spezielle Ausrichtung der Pflegeeinrichtung, z. B. für Demenzkranke,
- eine kleine, übersichtliche Einrichtung.

Die Checkliste im Anhang hilft Ihnen, einzelne für Sie wichtige Kriterien herauszufinden und zu bewerten.

### Welche Träger von Pflegeheimen gibt es?

Pflegeeinrichtungen werden von unterschiedlichen Trägern geführt und verwaltet. Die Trägerschaft sagt nichts über die Qualität der Einrichtung aus. Manche Personen bevorzugen allerdings eine bestimmte Trägerschaft, z. B. kirchliche oder frei-gemeinnützige.

Die Träger von Altenpflegeeinrichtungen lassen sich wie folgt unterscheiden:

- Öffentlicher Träger (Kommunen, Städte und Gemeinden)
- Kirchlicher Träger (z. B. die von der evangelischen Kirche getragene Diakonie, die katholische Caritas oder Einrichtungen anderer Religionsgemeinschaften)
- Freigemeinnütziger Träger (Gemeinnützige Vereine und Wohlfahrtsverbände)
- Privat-gewerblicher Träger (Privatpersonen oder Gesellschaften)

## Heim ist nicht gleich Heim: verschiedene Wohnformen in Pflegeeinrichtungen

Welche Wohnart für Sie bzw. Ihren Angehörigen die richtige ist, hängt größtenteils sicherlich vom Gesundheitszustand und seiner Selbstständigkeit ab. Da heute aber Wohnen und Pflegen möglichst an einem Ort stattfinden soll, überschneiden und verbinden sich in vielen Häusern die verschiedenen Wohnformen in einem Komplex. Dadurch kann die Wahl für eine bestimmte

Einrichtung schwer fallen. Eine Entscheidungshilfe kann hier das häufig angebotene „Probewohnen“ sein.

Die Begriffe „Altenheim“, „Altenwohnheim“ oder „Pflegeheim“ unterliegen keiner offiziellen Definition, werden aber in der Praxis dennoch unterschiedlich gehandhabt. Im alltäglichen Sprachgebrauch verwischen somit die Unterschiede zwischen den einzelnen Wohnformen immer mehr, dennoch werden hier die einzelnen Formen vorgestellt, damit Sie einen Überblick gewinnen.

## Für Senioren, die noch selbstständig sind: das Altenwohnheim

Altenwohnheime sind Einrichtungen, die abgeschlossene Wohnungen (Ein- oder Mehrzimmer-Appartements mit Bad/WC und Küche oder Kochnische) ausschließlich an noch selbstständige Senioren vermieten. Daneben stehen Gemeinschaftseinrichtungen zur Verfügung, in denen man zum Beispiel auf Wunsch die Mahlzeiten einnehmen oder an Beschäftigungsangeboten teilnehmen kann. Die Bewohner dieser Altenwohnheime führen ihren Haushalt noch selber, können also die täglichen Verrichtungen des Lebens ohne fremde Hilfe selbstständig erledigen.

Wenn vorübergehend eine Pflegebedürftigkeit eintreten sollte, gewähren einige Häuser zusätzlich Verpflegung, Betreuung und Pflege in der eigenen Wohnung. Manche Wohnheime verfügen auch über sogenannte Pflegeabteilungen, in denen die Senioren während einer Krankheit vorübergehend, bei altersbedingter Pflegebedürftigkeit aber auch dauernd gepflegt werden. Andere Einrichtungen haben im Haus Pflegestützpunkte angesiedelt, die im Bedarfsfall ambulante Pflegeleistungen übernehmen.

Andernfalls muss der Bewohner, wenn er pflegebedürftig

wird, in ein Pflegeheim wechseln. Daher ist ein Umzug in ein Altenwohnheim nur dann zu empfehlen, wenn noch keine Pflegebedürftigkeit besteht.

## Wenn Sie noch nicht pflegebedürftig sind: das Altenheim

In einem Altenheim erhalten ältere Menschen Unterkunft, Verpflegung, Betreuung und, wenn nötig, Pflege. In diesen Häusern leben Senioren, die zwar nicht pflegebedürftig sind, ihren Haushalt aber auch nicht mehr selbstständig führen können. In der Regel werden Einzelzimmer mit Bad/WC angeboten.

Altenheimbewohner können meist ohne betreuende Hilfe auskommen, bei Bedarf steht ihnen aber Pflegepersonal für die Grundpflege (Waschen, Kleiden, Essen) und Behandlungspflege (Pflegeleistungen nach ärztlicher Anordnung) zur Verfügung.

Altenheime verfügen meist über Pflegeabteilungen, in denen die Bewohner bei dauernder Pflegebedürftigkeit, d. h. auch bei Bettlägerigkeit, rund um die Uhr betreut werden.

## Wenn Sie Pflege benötigen: das Altenpflegeheim (auch: Pflegeheim)

In Pflegeheimen wohnen in der Regel ältere Menschen, die wegen Krankheit, Alter oder Behinderung pflegebedürftig und damit auf Hilfe angewiesen sind. Es gewährleistet Unterkunft, Verpflegung und die notwendige Betreuung und Pflege. Die ärztliche Versorgung wird durch die eigene Arztwahl sichergestellt.

Wenn sich sein Gesundheitszustand verschlechtern sollte, muss der Pflegebedürftige nicht, wie bei den anderen Wohnformen, in eine spezielle Pflegeabteilung umziehen oder gar das Heim wechseln, sondern kann in seinem Zimmer verbleiben.

## Wenn Sie noch selbstständig sind, aber Betreuung und Pflege bei Bedarf wünschen: Betreutes Wohnen

Unter dem Begriff Betreutes Wohnen, auch Service-Wohnen genannt, versteht man Wohnformen, bei denen ein barrierefreies Wohnumfeld und verschiedene, bei Bedarf abrufbare Hilfedienste angeboten werden. Im Prinzip ist es eine Weiterentwicklung des Altenwohnheims, nur meist auf einem baulich höheren Niveau und mit mehr Flexibilität, was die einzelnen Dienstleistungen angeht.

Beim klassischen Betreuten Wohnen sind das Wohnen und die Hilfeangebote rechtlich voneinander getrennt. Die Bewohner dieser Einrichtungen haben mit dem Betreiber des Gebäudekomplexes einen Mietvertrag über eine Wohnung abgeschlossen. Daneben können sie von einem Dienstleistungsanbieter verschiedene Dienste (z.B. hauswirtschaftliche Hilfen, Essen auf Rädern, Hol- und Bringdienste, Beratung und Vertretung gegenüber Behörden) abrufen. Die Praxis hat sich so entwickelt, dass mit einer sogenannten Betreuungspauschale ein 24-stündiger Notrufdienst und die Vorhaltung von Beratungs- und Hilfediensten abgegolten werden. Weitere, individuell in Anspruch genommene Hilfedienste werden gesondert berechnet. Meist ist auch ein ambulanter Dienst in die Hilfeleistungen integriert, der im Bedarfsfall die Betreuung und Pflege in der Wohnung sicherstellt. Bei schwerer Pflegebedürftigkeit kann aber auch ein Umzug in ein Pflegeheim notwendig werden.

Betreutes Wohnen ist für Personen geeignet, die eine selbstständige Lebensweise haben, evtl. in kleinen Alltagsdingen schon Unterstützung brauchen oder gerne hätten, sich ansonsten noch selbst versorgen können, aber für den Pflegefall durch entsprechend abrufbare Dienstleistungen vorsorgen möchten.

## Wo finde ich die Adressen von Pflegeheimen?

Neben dem Blick ins Telefonbuch/Branchentelefonbuch (Gelbe Seiten) können Sie sich auch hier informieren:

- Fragen Sie Freunde und Bekannte. Vielleicht bekommen Sie neben Adressen auch gleich ein paar Tipps und Hinweise zu den verschiedenen Einrichtungen.
- In vielen Städten und Gemeinden gibt es Beratungsstellen für Senioren bzw. rund um das Thema „Pflege". Dort erhalten Sie häufig auch eine Liste mit Altenpflegeeinrichtungen in der Region. Zukünftig könnten auch die sogenannten Pflegestützpunkte der Pflegekassen Ansprechpartner, wenn Sie einen Heimplatz suchen.
- Manche Städte und Gemeinden geben auf ihrer Homepage Hinweise zu Pflegeeinrichtungen in ihrem Einzugsgebiet. Manchmal gibt es sogar eigene Internetportale für die Pflegeangebote in der Region bzw. eine Übersicht über freie Pflegekapazitäten. Am besten finden Sie das heraus, indem Sie auf die Internetseite Ihrer Stadt gehen.
- Die Kommunen oder Landkreise geben oftmals sogenannte Seniorenwegweiser heraus, in denen mögliche Hilfeangebote für Senioren verzeichnet sind, vom Pflegedienst über Essen auf Rädern bis hin zu Pflegeeinrichtungen.
- Auch Ihre zuständige Kranken- bzw. Pflegekasse hält eine Liste mit Altenpflegeeinrichtungen bereit, mit denen ein Versorgungsvertrag besteht.
- Im Internet finden Sie kommerzielle Suchmaschinen für Pflegeeinrichtungen; allerdings sind dort nicht immer alle Informationen aktuell verfügbar (siehe Beispiele im Adressteil).
- Bei einer Versorgung nach einem Krankenhausaufenthalt berät und unterstützt Sie der Sozialdienst des Krankenhauses.

- Nützliche Adressen zur Suche nach Pflegeeinrichtungen finden Sie im Anhang.

## Wie Sie sich über das Heim informieren

Heim ist nicht gleich Heim – das gilt auch bei Größe, Lage, Ausstattung, Leistungen und vor allem bei den Preisen. Je nach Pflege- und Versorgungsbedarf kann ein Heimplatz im Monat zwischen 2000 Euro und 3500 Euro kosten, in höheren Pflegestufen auch mehr.

Wie Sie die Heimunterbringung finanzieren können, wird im Kapitel „Leistungen der Pflegeversicherung“ ausführlich beschrieben.

Um sich vorab zu informieren, fordern Sie zunächst
- einen Heimprospekt,
- eine Leistungsbeschreibung,
- eine Preisliste,
- einen Heimvertrag als Muster
- sowie die Hausordnung der Einrichtungen an.

Falls keine Preise angegeben sind, können Sie die vereinbarten Pflegesätze auch von den Pflegekassen erfahren. Achten Sie aber darauf, dass darin die vollständigen Kostensätze ausgewiesen sind, denn meist fehlen die Investitionskosten, die sich von Heim zu Heim erheblich unterscheiden können. In solchen Fällen müssen Sie diese direkt bei den Einrichtungen anfordern.

Schon bei der ersten Kontaktaufnahme können Sie beurteilen,
- ob Sie aussagekräftiges Informationsmaterial über das Dienst-

leistungsangebot, die Preise und sonstige Zusatzleistungen erhalten. Achten Sie vor allem darauf, ob alle anfallenden Kosten verständlich aufgeschlüsselt und dargestellt werden,
- ob Zusagen, z. B. über vereinbarte Termine für einen Rückruf, eingehalten werden,
- ob Ihnen Ansprechpartner, z. B. für eine Terminvereinbarung, genannt werden.

Das Informationsmaterial können Sie dann in Ruhe zu Hause anschauen und auswerten. Prüfen Sie, welche Leistungen in der Grundversorgung vom Heimentgelt abgedeckt werden und was als sogenannte Zusatz- oder Wunschleistung gesondert abgerechnet wird und vom Heimbewohner selbst getragen werden muss. Ein Preisvergleich lohnt sich.

Achten Sie auch darauf, dass die Pflegeeinrichtung einen Versorgungsvertrag mit den Pflegekassen hat – nur so können die Leistungen entsprechend abgerechnet werden. Wählen Sie – zur besseren Übersichtlichkeit – drei bis vier Heime aus, die in die engere Wahl kommen. Auch wenn Sie unter Zeitdruck stehen, sollten sie mindestens zwei Heime anschauen und vergleichen.

### Die erste Besichtigung

Der erste Besuch eines Heims ist immer „spannend“: Was erwartet mich? Worauf muss ich achten? Was muss sein? Was darf nicht sein?

Wenn Sie Wert auf ein persönliches Gespräch und die Beantwortung all Ihrer Fragen legen, sollten Sie vorab einen Termin für eine Hausbesichtigung vereinbaren – so können Sie sicher sein, dass jemand genügend Zeit für Sie hat. Andererseits können unangemeldete Besuche auch einen realistischen Einblick in den normalen Heimalltag bieten. Besuchen das Heim am besten zu zweit, damit Sie sich im Nachhinein über das Gesehene und Gehörte austauschen können.

Zusätzlich zu der ausführlichen Checkliste im Anhang habe ich hier als kleine Hilfestellung einige Punkte aufgelistet, auf die Sie beim ersten Besuch einer Pflegeeinrichtung bzw. beim ersten Informationsgespräch generell achten sollten:

- Werden Sie an der Rezeption oder im Eingangsbereich freundlich empfangen?
- Erhalten Sie klare Informationen über die Zuständigkeit von Ansprechpartnern?
- Werden besondere Betreuungsangebote (z. B. für Demenzkranke) erläutert?
- Bei einem Gesprächstermin: Hat man ausreichend Zeit für Sie? (ca. eine Stunde)
- Können Sie den Pflegebereich und auch ein leeres Zimmer, das für Sie infrage kommt, besichtigen?
- Macht sich ihr Gesprächspartner Notizen, damit im Falle einer Aufnahme bereits gegebene Informationen nicht verloren gehen?

Worauf Sie bei Ihrem Heimrundgang achten sollten:

### Allgemeine Eindrücke

- Die Atmosphäre ist freundlich und nicht hektisch, Besucher werden gegrüßt.
- Die Bewohner sitzen oder liegen in Stühlen, Rollstühlen oder Betten in einer bequemen Haltung.

- Die Bewohner sind individuell und der-Jahreszeit angemessen gekleidet (keine Jogginghosen), die Kleidung ist sauber und sie sind ordentlich frisiert.
- Die Bewohner sind so platziert, dass sie Anregungen wahrnehmen können (zum Fenster, zur Wohnküche).
- Die Bewohner haben in erreichbarer Nähe etwas zu trinken, weitgehend nicht in Schnabel- oder Plastikbechern.
- Obst oder andere Zwischenmahlzeiten sind appetitlich und mundgerecht dekoriert.
- Außerhalb der Mahlzeiten trägt kein Bewohner „Lätzchen" oder Servietten um den Hals.
- Sitzecken und Nischen im Flur sind ansprechend und wohnlich gestaltet.
- Gespräche und Kontakte finden statt, die Bewohner sind nicht einfach sich selbst überlassen.
- Fernseher und Radio sind gezielt mit ausgewählten Sendungen eingeschaltet (nicht während der Mahlzeiten). Die Bewohner hören/sehen erkennbar zu, es ist nicht bloß ein Hintergrundgeräusch.
- Der Geräuschpegel ist angemessen und erschwert für Schwerhörige nicht die Kommunikation.
- Eine Pflegekraft ist immer in Sichtweite, um auf Bedürfnisse und Probleme reagieren zu können.
- Es sind anregende und keine abstoßenden Gerüche (Kaffee, Mittagessen) wahrzunehmen.
- Wäschewagen oder Pflegewagen stehen nur auf dem Flur, wenn sie benutzt werden.
- Hilfsmittel wie Rollstühle, Rollatoren stehen ebenfalls nicht im Weg oder vor Fluchttüren herum.
- Bei schönem Wetter sind Heimbewohner auch im Garten – mit Personal – anzutreffen.

### Umgang mit den Bewohnern

- Die Zimmertüren sind während der Pflegetätigkeit geschlossen.
- In Doppelzimmern gibt es einen Sichtschutz o. ä.
- Die Bewohner werden mit „Sie“ und dem Namen angesprochen.
- Die Pflegekräfte sind freundlich und zugewandt. Sie sprechen nicht von oben herab mit Sitzenden und Liegenden, sondern möglichst auf einer Ebene.
- Die Pflegekräfte sprechen langsam und deutlich und nicht über die Köpfe von Pflegebedürftigen hinweg.
- Die Pflegekräfte reagieren in angemessener Zeit, wenn Pflegebedürftige Wünsche äußern, winken oder rufen.
- Die Kleidung der Pflegekräfte ist sauber, sie tragen keinen Schmuck, lange Haare sind zurückgebunden (Hygiene, Gefahrenquellen). Sie sind als Pflegekräfte erkennbar und tragen gut leserliche Namensschilder.

### Sauberkeit und Hygiene auf den Wohnbereichen

- Es gibt keine Essensreste auf den Tischen oder dem Fußboden.
- Die Tür zum Fäkalienraum ist geschlossen.
- Rollstühle und Gehwagen sind sauber.
- Die Gemeinschaftstoilette im Pflegebereich ist gut erreichbar, macht einen sauberen und hygienischen Eindruck und hat einen Notruf.
- Im Flur liegen keine Abfall- oder Wäschesäcke herum.
- Pflegekräfte gehen nicht mit Einmalhandschuhen von Zimmer zu Zimmer.

### Orientierung

- Es gibt Hinweistafeln mit den Namen und Bildern der Pflegekräfte.
- Es gibt gut lesbare Aushänge mit den Beschäftigungsangeboten und dem Speiseplan.
- Es gibt große Uhren mit der korrekten Uhrzeit.
- Die Zimmertüren der Bewohner sind gut lesbar mit ihren Namen beschriftet und individuell gestaltet (z. B. Bild).

## Weitere Entscheidungshilfen bei der Auswahl

Sie haben sich nun einen persönlichen Eindruck von den Pflegeeinrichtungen verschafft und vielleicht schon eine in die engere Wahl gezogen. Wenn Sie keinen Zeitdruck haben, können Sie noch weitere Schritte unternehmen, um zu prüfen, ob das in Frage kommende Heim die richtige Wahl ist.

### Probewohnen / Probetag

Viele Heime haben Zimmer, in denen sie Senioren ein Wohnen zur Probe anbieten. So können die Atmosphäre, die angebotenen Leistungen und ihre Qualität über einen gewissen Zeitraum direkt vor Ort geprüft werden. Der Zeitraum für das Probewohnen wird individuell ausgehandelt. Der „Probebewohner" kann während seines Aufenthaltes am ganz normalen Heimleben teilnehmen und dabei erkennen, ob es seinen Wünschen und Bedürfnissen entspricht.

Falls kein Zimmer frei ist, besteht vielleicht die Möglichkeit, zumindest einen Probetag im Heim zu verbringen, an den Mahlzeiten und Aktivitäten teilzunehmen und mit anderen Bewohnern ins Gespräch zu kommen.

### Gespräche mit anderen Bewohnern

Gespräche mit anderen Bewohnern der Einrichtung oder deren Angehörigen sowie den Mitgliedern des Heimbeirats können ebenfalls eine Entscheidungshilfe sein.

### Kurzzeitpflege

Wenn Ihr Angehöriger schon eine Pflegestufe hat, erkundigen Sie sich, ob die Einrichtung auch Kurzzeitpflege anbietet – eine Möglichkeit, die Pflege und Betreuung ganz praxisnah zu testen (zur Kurzzeitpflege siehe auch Kapitel 1).

### Qualitätsberichte

Die pflegerische Qualität zu beurteilen gehört zu den schwierigen Bereichen in einem Heim. Pflege ist eine Dienstleistung, die man erst dann beurteilen kann, wenn man sie selbst erfährt. Auch besteht oftmals zu wenig Hintergrundwissen, wie eine entsprechende pflegerische Leistung auszusehen hat. Hier muss man sich meist auf Aussagen der zuständigen Personen in den Einrichtungen verlassen.

Der Medizinische Dienst der Krankenkassen und auch die Heimaufsicht führen regelmäßige Qualitätsprüfungen in den Einrichtungen durch. Zukünftig finden diese Prüfungen mindestens alle drei Jahre statt und im Bedarfsfall, d. h. aufgrund von Hinweisen von Pflegebedürftigen oder Mitarbeitern.

Dabei wird von der Personalausstattung über die bauliche

Qualität bis hin zur Durchführung der Pflege vieles geprüft und bewertet. Wenn eine Einrichtung nicht den Anforderungen entspricht, bekommt sie Auflagen, die Missstände zu beheben. Es kann bei eklatanten Missständen auch zu Heimschließungen kommen. Bislang wurden diese Qualitätsberichte nicht veröffentlicht, nur einige wenige Heime machen dies von sich aus. Daher lohnt sich eine Nachfrage beim Heim- oder Pflegedienstleiter. Ein Heim, das nichts zu verbergen hat, wird Ihnen seinen Qualitätsbericht – evtl. auch kommentiert – sicherlich zeigen.

Im Zuge der Reform der Pflegeversicherung ist geplant, dass die Qualitätsberichte entsprechend auch für Laien aufbereitet werden, sodass eine objektive Grundlage für Interessenten besteht, die Qualität einzelner Einrichtungen zu beurteilen. Allerdings ist mit bundesweiten Ergebnissen nicht vor 2009 zu rechnen. Einzelne Medizinische Dienste auf Länderebene veröffentlichen schon heute Vergleichslisten und Qualitätsberichte. Erkundigen Sie sich am besten bei Ihrer Pflegekasse danach. Auch der Bundesinteressenverband der Heimbewohner plant, eine entsprechende bundesweite Liste mit Qualitätsmerkmalen herauszugeben (Adresse siehe Anhang).

### Beachten Sie den Datenschutz

Bei ihrem ersten – oder zweiten – Besuch werden vielleicht schon Daten von Ihnen bzw. Ihrem Angehörigen aufgenommen. Daten, die verlangt werden dürfen, sind:

- Personalien
- Anzusprechende Angehörige
- Krankenversicherung / Pflegeversicherung / Pflegestufe
- Selbstzahler oder nicht
- Evtl. Bankverbindung wegen Einzugsermächtigung

Persönliche Daten, die oftmals erhoben werden, deren Angabe aber nicht notwendig ist:

- Angaben zur Gesundheit (ärztl. Fragebogen)
- Angaben zur Einkommens- und Vermögenssituation

## Sie haben sich entschieden: der Heimvertrag

Als Bewohner eines Pflegeheims schließt der Pflegebedürftige einen Vertrag mit dem Heimträger. Wenn Angehörige unterschreiben sollen, benötigen sie eine rechtliche Betreuungsverfügung.

Im Heimvertrag werden Art, Inhalt und Umfang der Leistungen sowie die Kosten genau aufgeführt. Ein gutes Heim liefert inhaltliche Erklärungen gleich mit. Trotzdem gibt es immer wieder Anlass zu Beanstandungen, zum Beispiel wegen unzulässiger Klauseln. Wenn Sie beim Durchlesen Verständnisprobleme haben oder sich bei einer Klausel nicht sicher sind, können Sie sich den Vertrag jederzeit bei einer Beratungsstelle, der Pflegekasse oder der Heimaufsicht erläutern lassen.

Beim Prüfen des Vertrags sollten Sie auf folgende Punkte genau achten:

- Der Heimvertrag sollte verständlich geschrieben und gestaltet sein.
- Die Wohnung oder das Zimmer der Einrichtung sollte im Vertrag exakt benannt werden. Vor einer Verlegung innerhalb des Heims sollte man Ihre Zustimmung einholen. Auch kann es Heimbewohnern nicht grundsätzlich verboten werden, nicht störende Haustiere mitzubringen.
- Achten Sie auf die Höhe des Entgelts für den Heimplatz. Pflegekassen halten Preisvergleichslisten bereit, aus denen Sie er-

sehen können, wie das Heim im Preis-Leistungs-Verhältnis zu anderen Einrichtungen abschneidet.
- Es sollte eine Preisliste über Neben- und Zusatzkosten beigefügt sein.
- Die Einrichtung sollte das Heimentgelt nicht erhöhen können, ohne dies mit der Pflegeversicherung oder den Sozialhilfeträgern auszuhandeln.

Wichtig ist bei Vertragsabschluss, dass die verschiedenen Kostenpunkte gut ersichtlich aufgeschlüsselt sind. Bei Mängeln oder Nicht-Einhaltung könnten zum Beispiel Kostenanteile vom Bewohner gekürzt werden. Auch dies sollte im Vertrag schriftlich festgehalten werden.

Erhöht das Heim das Entgelt, muss es die Bewohner darüber vier Wochen vorher schriftlich informieren. Nach neuer Gesetzgebung muss der Heimbeirat vor einer Erhöhung angehört werden. Rückwirkende Entgelterhöhungen sind nicht zulässig.

Ratsam ist es auch, sich die Regelungen zur Haftung und zur Kündigungsfrist genau anzuschauen.
- Viele Heime versuchen, die Haftung zu begrenzen oder teilweise auszuschließen, zum Beispiel für grobe Fahrlässigkeit in der Pflege.
- Die Regel ist, dass der Heimvertrag auf unbestimmte Zeit geschlossen wird. Der Heimträger darf ihn nur aus wichtigem Grund kündigen (welche dies sind, steht im Heimgesetz). Als Bewohner hat man jederzeit ein Kündigungsrecht, bis zum dritten Werktag zum Monatsende. Bei einer Entgelterhöhung gilt ein außerordentliches Kündigungsrecht.
- Manche Heime verlangen von den Angehörigen, auch nach dem Tod des Bewohners noch bis zum Ende des Monats

weiterzuzahlen. Gegenüber der Pflegekasse sind solche Forderungen unwirksam, allerdings kann individuell vereinbart werden, dass Aufwendungen für Wohnraum und Investitionen bis zum Monatsende weitergezahlt werden, sofern ein Zeitraum von zwei Wochen nach dem Sterbetag nicht überschritten wird.

## Was tun bei Interessenkonflikten?

Sprechen Sie Interessenkonflikte immer an, möglichst zunächst mit den direkt Beteiligten, und erst dann mit den jeweiligen Vorgesetzten. Wenn sich keine Einigung erzielen lässt, gibt es verschiedene Möglichkeiten, Vermittler oder Aufsichtsbehörden einzuschalten.

### Interessenvertretung

Zum Schutz der Heimbewohner wurden das Heimgesetz und die Heimmitwirkungsverordnung erlassen. Die gesetzlich vorgeschriebene Mitwirkung wird durch den Heimbeirat oder durch den Heimfürsprecher wahrgenommen. Die Mitglieder des Heimbeirates werden alle zwei Jahre von den Heimbewohnern gewählt. Wenn dies nicht erfolgt, z. B. weil sich kein Heimbewohner zur Verfügung stellt oder stellen kann, wird ein Heimfürsprecher amtlich bestellt. Der Heimbeirat hat ein Mitspracherecht bei der Abfassung der Heimverträge, der Veränderung der Heimkosten, der Aufstellung der Heimordnung sowie der Gestaltung des Heimlebens. Seit der Erneuerung des Heimgesetzes Anfang 2002 können auch Angehörige und sonstige Vertrauenspersonen in den Heimbeirat gewählt werden.

## Heimaufsichtsbehörde

Die Heimaufsicht ist eine Behörde, die bei den Sozialämtern, den Bezirksämtern oder den Versorgungsämtern angesiedelt ist. Ihre Aufgabe ist neben der staatlichen Aufsicht und regelmäßigen Kontrolle aller Heime (Überwachung der Einhaltung des Heimgesetzes, Aufdecken und Beseitigen von Mängeln durch Anordnungen und Auflagen etc.) auch die Beratung und Information von Interessierten, Bewohnern und Angehörigen. Bei Unstimmigkeiten oder wenn Sie Mängel feststellen und in der Einrichtung kein Gehör finden, können Sie sich an die Heimaufsicht wenden.

## Ombudsmann /-frau

In vielen Kommunen gibt es einen Ombudsmann bzw. eine Ombudsfrau für Senioren, an die man sich wenden kann, wenn es etwa Differenzen oder Meinungsverschiedenheiten mit der Heimleitung gibt und man nicht sofort eine staatliche Stelle einschalten möchte. Ob es solch eine Einrichtung in Ihrer Nähe gibt, erfahren Sie bei den einschlägigen Beratungsstellen (Seniorenbüro, Sozialamt etc.).

## Bundesinteressenvertretung und Selbsthilfeverband der Bewohnerinnen und Bewohner von Altenwohn- und Pflegeeinrichtungen (BIVA) e. V.

Die BIVA ist die einzige bundesweite Bewohnerorganisation. Sie berät die Heimbeiräte und Heimfürsprecher bei der Wahrnehmung ihrer Aufgaben und bei Problemen. Daneben hält sie Kontakt zu den Ämtern, die für die Heimgesetzgebung und ihre Umsetzungen zuständig sind.

## Zusammenfassung: Die wichtigsten Punkte bei der Heimauswahl

1. Überlegen Sie, welche Prioritäten Sie bei der Heimauswahl haben.
2. Wenn Sie nicht bereits über Adressen von Pflegeeinrichtungen verfügen, besorgen Sie sich bei den zuständigen Stellen und Behörden die Anschriften.
3. Fordern Sie schriftliches Informationsmaterial an: Heimprospekt, Leistungsbeschreibung, Muster eines Heimvertrages, Haus-/Heimordnung, Preisliste.
4. Prüfen Sie, welche Leistungen in der Grundversorgung abgedeckt werden und welche als Zusatzleistungen extra bezahlt werden müssen.
5. Treffen Sie anhand der Unterlagen eine Vorauswahl. Auch unter Zeitdruck sollten Sie mindestens zwei Heime miteinander vergleichen.
6. Vereinbaren Sie einen Besuchstermin. Bitten Sie jemanden, Sie zu begleiten.
7. Bereiten Sie den Besuch vor, indem Sie die Checkliste durchgehen und festlegen, welche Punkte für Sie wichtig sind. Notieren Sie offene Fragen auf einem Merkzettel.
8. Tragen Sie nach Ihrem Besuch die neuen Erkenntnisse in die Checkliste ein.
9. Prüfen und vergleichen Sie in Ruhe die Ergebnisse Ihrer Besichtigungen. Achten Sie auch auf Ihren persönlichen Eindruck: Welches Heim hat Ihnen von der Atmosphäre her gefallen? Wo waren die Angestellten besonders freundlich?
10. Wenn Sie sich entschieden haben, beachten Sie die Hinweise zur Vertragsgestaltung.

# Anhang

## Checkliste Auswahl eines Heimes

Machen Sie sich eine Kopie dieser Checkliste, und nehmen Sie diese zu einer Besichtigung mit. Nicht alle Punkte werden eine gleich hohe Bedeutung für Sie haben. Notieren Sie vorab in der ersten Spalte, welche Wichtigkeit Sie bzw. Ihr Angehöriger dieser Frage zumessen.

Nach den jeweiligen Besuchen empfiehlt sich die Bewertung nach dem Schulnotensystem. So können Sie am besten vergleichen, ob die einzelnen Punkte in Wichtigkeit und der Bewertung übereinstimmen.

Machen Sie sich vor der Heimbesichtigung einen Merkzettel oder Fragebogen, sodass Sie keine wichtigen Fragen vergessen. Einige Punkte können Sie sicherlich auch schon vorab durch das zugesandte Material wie Hausprospekte oder Heimvertrag bewerten.

| Fragestellung | Bewertung | | |
|---|---|---|---|
| *Allgemeine Informationen* | | | |
| Wer ist der Träger? Ist er Ihnen bekannt? | | | |
| Entspricht die weltanschauliche Ausrichtung Ihren Erwartungen/Überzeugungen? | | | |
| Gibt es eine übersichtliche, aussagekräftige Informationsbroschüre? | | | |
| Gibt es eine Hauszeitung oder sonstige Informationen über Aktivitäten? | | | |

| Fragestellung | Bewertung | | |
|---|---|---|---|
| Wie sind die Besuchszeiten? | | | |
| Wie ist der erste Eindruck am Telefon? Sind die Mitarbeiter hilfsbereit und entgegenkommend? | | | |
| *Standort, Lage* | | | |
| Wie ist die Wohnlage des Heimes? (ruhig, grün) | | | |
| Wie gefällt Ihnen die äußere Gestaltung? | | | |
| Gibt es eine gute öffentliche Verkehrsanbindung? | | | |
| Gibt es in der Nähe | | | |
| – Park/Grünanlage | | | |
| – Einkaufsmöglichkeiten? | | | |
| – Apotheke | | | |
| – Ärzte | | | |
| – Café/Restaurant | | | |
| – Friseur | | | |
| – Post | | | |
| – Bank | | | |
| Hat das Heim einen Garten? | | | |
| Gibt es einen Parkplatz für Besucher? | | | |
| *Allgemeine Ausstattung des Heimes* | | | |
| Sind der Eingangsbereich und die Verkehrsflächen (Flure) im Haus rollstuhlgerecht gestaltet? | | | |
| Gibt es eine Cafeteria? | | | |
| Gibt es Räumlichkeiten für Freizeitangebote und/oder größere Veranstaltungen? | | | |
| Gibt es Räume für Therapieangebote? (Ergotherapie, Beschäftigungstherapie) | | | |
| Gibt es einen Andachtsraum? | | | |
| Gibt es Gästezimmer für Angehörige? | | | |

| Fragestellung | Bewertung | | |
|---|---|---|---|
| Haben die Zimmer Balkone oder Terrassen? | | | |
| Gibt es Schließfächer oder Safes zur Sicherung von Wertgegenständen? | | | |
| Ist das Haus ansprechend dekoriert? (Blumen, Bilder etc.) | | | |
| Gefällt Ihnen die Möblierung/Gestaltung der Einrichtung? | | | |
| Machen die Räume einen sauberen und hygienischen Eindruck? | | | |
| Sind die Räume hell und freundlich gestaltet? | | | |
| Wie ist die Akustik in den Räumlichkeiten? | | | |
| Gibt es ein Farbleitsystem? | | | |
| Gibt es Orientierungshilfen wie Handlauf, Lichtgestaltung, Bodenbeläge oder spezifische Gestaltung der Türen? (z. B. Symbole oder Bilder von Bewohnern an Zimmertüren) | | | |
| *Fragen zur Zimmerausstattung* | | | |
| Gibt es Einzelzimmer? Wenn ja, wie viele? | | | |
| Wie wird die Belegung der Einzimmer geregelt? | | | |
| Gibt es in Doppelzimmern einen Sichtschutz zur Wahrung der Intimsphäre? | | | |
| Können eigene Möbel mitgebracht werden? | | | |
| Erhalten Sie einen Zimmerschlüssel? | | | |
| Gehört zu jedem Zimmer ein eigenes Bad? | | | |
| Ist das Bad geräumig und rollstuhlgerecht? | | | |
| Hat das Zimmer individuelle Regelungsmöglichkeiten für Heizung, Rollladen etc.? | | | |
| Wann ist in dem Zimmer die Sonne? Gibt es einen ausreichenden Sonnenschutz und Fliegengitter? | | | |

| Fragestellung | Bewertung | | |
|---|---|---|---|
| Ist in dem Zimmer ein Anschluss für Telefon/Radio/Fernseher? | | | |
| Ist das Rauchen in den Zimmern gestattet? | | | |
| Ist es möglich, Haustiere mitzubringen? | | | |
| *Pflege und Betreuung* | | | |
| Werden biographische Daten bei der Heimaufnahme erfragt? | | | |
| Wie sieht der Tages- bzw. Wochenplan aus? | | | |
| Können Sie Einsicht in die Pflegeplanung nehmen? | | | |
| Besteht eine freie Arztwahl? | | | |
| Arbeitet die Einrichtung mit einem Neurologen/Psychiater/Geriater zusammen, der auch ins Haus kommt? | | | |
| Wie sieht die Aktivierung der Bewohner bei Alltagsverrichtungen aus? (Waschen, Anziehen, Toilettengang) | | | |
| Gibt es jemanden, der mit den Bewohnern spazieren geht? | | | |
| Besteht ein Bezugspflegesystem? | | | |
| Was wird getan, um Stürze zu vermeiden? (Sturzprophylaxe) | | | |
| Was wird getan, um ein Wundliegen zu vermeiden? (Dekubitusprophylaxe) | | | |
| Wie hoch ist der Anteil der Pflegefachkräfte? (50 % sind vorgeschrieben) | | | |
| Werden Willensbekundungen wie Patientenverfügungen, Vorsorgevollmacht respektiert? | | | |
| Gibt es eine Sterbebegleitung? Wenn ja, in welcher Form? | | | |
| Werden regelmäßige Therapieangebote gemacht? | | | |
| Kann der letzte Prüfbericht des Medizinischen Dienstes eingesehen werden? | | | |

| Fragestellung | Bewertung | | |
|---|---|---|---|
| *Verpflegung* | | | |
| Ist der Speiseplan gut sicht- und lesbar ausgehängt? | | | |
| Wie gefällt Ihnen das Speisenangebot? | | | |
| Wie werden Diäten berücksichtigt? | | | |
| Wie werden Sonderwünsche berücksichtigt? | | | |
| Gibt es drei Zwischenmahlzeiten? (vormittags, nachmittags und vor spätabends) | | | |
| Gibt es bei jeder Mahlzeit Wahlmöglichkeiten? | | | |
| Kann direkt bei den Mahlzeiten ausgewählt werden? | | | |
| Haben Sie die Möglichkeit, an einer Mahlzeit teilzunehmen? Wie schmeckt Ihnen diese? | | | |
| Welche Getränke sind im Leistungsumfang enthalten? | | | |
| Gibt es darüber hinaus die Möglichkeit, Getränke zu kaufen? | | | |
| Gibt es die Möglichkeit, die Essenszeiten innerhalb einer Bandbreite selbst zu wählen? | | | |
| Wo können die Mahlzeiten eingenommen werden? | | | |
| Können Besucher an den Mahlzeiten teilnehmen? | | | |
| Wie wird eine Mangelernährung vermieden? | | | |
| Wie wird eine unzureichende Flüssigkeitszufuhr vermieden? | | | |
| Werden Hilfsmittel zum selbstständigen Essen angeboten? | | | |
| *Wäscheservice* | | | |
| Gibt es eine eigene Wäscherei im Haus? (vor allem für Privatwäsche) | | | |
| Gibt es die Möglichkeit, eigene Bettwäsche und Handtücher zu verwenden? | | | |
| Wer übernimmt die Wäschekennzeichnung? | | | |
| Wird diese extra berechnet? | | | |

| Fragestellung | Bewertung | | |
|---|---|---|---|
| Wie oft wird die Wäsche wöchentlich verteilt? | | | |
| Werden kleine Ausbesserungsarbeiten (z. B. Knöpfe annähen) übernommen? | | | |
| Kann die Wäsche auch selbst gewaschen werden? | | | |
| Gibt es eine Mindestausstattung an Wäsche, die mitgebracht werden sollte? | | | |
| Wie ist die Versorgung mit Privatwäsche bei Krankenhausaufenthalten geregelt? | | | |
| *Reinigung* | | | |
| Wie oft und zu welchen Zeiten erfolgt die Zimmerreinigung? | | | |
| Werden Wünsche wie z. B. Ruhezeiten berücksichtigt? | | | |
| Gibt es festes Reinigungspersonal? | | | |
| Welche Reinigungsleistungen sind im Leistungskatalog enthalten? | | | |
| Wer übernimmt das Abstauben und Reinigen der persönlichen Gegenstände? (Bilder, Möbel etc.) | | | |
| *Gemeinschaftsangebote und Aktivitäten* | | | |
| Gibt es Angebote zur Beschäftigung in Hinblick auf Musik, Kommunikation, Bewegung, geistige Betätigung? Wie zufrieden sind Sie mit dem Angebot? | | | |
| Wo finden diese Angebote statt? Gibt es einen Hol- und Bringedienst für Bewohner mit eingeschränkter Mobilität? | | | |
| Gibt es Angebote, zu denen auch externe Besucher kommen können? (Gemeinwesenorientierung) | | | |
| Von wem werden die Angebote geleitet? (Fachkräfte, Ehrenamtliche) | | | |
| Wie oft finden größere Veranstaltungen wie Feste und Feiern statt? | | | |

| Fragestellung | Bewertung | | |
|---|---|---|---|
| Wie sieht die Einbindung der Angehörigen in die Aktivitäten der Einrichtung aus? | | | |
| Werden Geburtstage von Bewohnern speziell gefeiert? | | | |
| Gibt es die Möglichkeit, Räumlichkeiten für eigene Feierlichkeiten zu nutzen? | | | |
| *Vertretung von Bewohnerinteressen* | | | |
| Gibt es einen Heimbeirat? Gehören diesem auch Angehörige an? | | | |
| Können die letzten Protokolle eingesehen werden? | | | |
| Gibt es ein Beschwerdesystem? | | | |
| Gibt es einen festen Ansprechpartner bei Beschwerden? | | | |
| Wie werden die Interessen der Bewohner bei der Freizeitgestaltung, Mahlzeiten etc. berücksichtigt? | | | |
| Gibt es eine Informationstafel für Bewohner und Angehörige? | | | |
| Gibt es regelmäßige Angehörigenabende? | | | |
| Wie werden die Angehörigen bei besonderen Vorkommnissen informiert? | | | |
| *Pflege und Betreuung von Bewohnern mit Demenz* | | | |
| Gibt einen Wohnbereich nur für demenzkranke Bewohner? | | | |
| Hat der Wohnbereich einen wohnlichen und familiären Charakter? | | | |
| Gibt es ein besonderes Betreuungskonzept für demenzkranke Bewohner? | | | |
| Werden demenzkranke Bewohner in hauswirtschaftliche Tätigkeiten eingebunden? (Hausgemeinschaftsprinzip) | | | |

| Fragestellung | Bewertung | | |
|---|---|---|---|
| Wird dem Bewegungsdrang demenzkranker Bewohner Rechnung getragen? (Rundwege, übersichtliche Orientierung, keine Sackgassen) | | | |
| Welche Beschäftigungsangebote gibt es speziell für demenzkranke Bewohner? | | | |
| Wie wird die Biografie in der täglichen Arbeit berücksichtigt? | | | |
| Gibt es Mitarbeiter mit einer Zusatzausbildung in Gerontopsychiatrie? | | | |
| Gibt es regelmäßige Fortbildungen für alle Mitarbeiter im Umgang mit Demenz? | | | |
| Ist ein flexibler Umgang mit Schlaf-, Wach- sowie Essenszeiten möglich? | | | |
| Gibt es regelmäßige Visiten eines Neurologen/ Psychiaters? | | | |
| Wird der Einsatz von Psychopharmaka auf ein Mindestmaß beschränkt? | | | |
| Wie wird mit Weglauftendenzen umgegangen? (freiheitsbeschränkende Maßnahmen) | | | |
| Wie werden Angehörige in die Betreuung und Pflege mit eingebunden? | | | |
| *Kosten* | | | |
| Besteht ein Versorgungsvertrag mit den Pflegekassen? | | | |
| Kosten für Unterkunft und Verpflegung | | | |
| Investitionskosten | | | |
| Kosten für die | | | |
| – Pflegestufe 1 | | | |
| – Pflegestufe 2 | | | |

| Fragestellung | Bewertung | | |
|---|---|---|---|
| – Pflegestufe 3 | | | |
| Gesamtkosten bei Pflegestufe … | | | |
| Kosten für Zusatzleistungen | | | |
| Welche Nebenkosten fallen an? (Friseur, Fußpflege, Toilettenartikel, chemische Reinigung) Wie werden diese abgerechnet? | | | |
| Wie wird der Barbetrag bei Sozialhilfeempfängern verwaltet bzw. ausbezahlt? | | | |
| *Heimvertrag* | | | |
| Ist der Heimvertrag verständlich bzw. werden Ihnen Unklarheiten erläutert? | | | |
| Entspricht der Leistungskatalog dem, was Ihnen erläutert wurde? | | | |
| Wie sind die Kündigungsfristen? | | | |
| Wie ist die Weiterzahlung im Todesfall geregelt? | | | |
| Wird ein Teil der Kosten bei einem Krankenhausaufenthalt erstattet? | | | |
| Wird ein Teil der Unterkunfts- und Verpflegungskosten bei Sondennahrung erstattet? | | | |
| Wie werden Preiserhöhungen gehandhabt? | | | |

# Checkliste Auswahl eines Pflegedienstes

Pflegedienst:

Adresse:

Ansprechpartner:

Datum:

| Fragestellung | Trifft zu | Trifft nicht zu | Bemerkungen |
|---|---|---|---|
| *Kundenfreundlichkeit* | | | |
| Eine fachkompetente Pflegefachkraft (Pflegedienstleitung oder -vertretung) besucht Sie und nimmt sich ein bis zwei Stunden Zeit. | | | |
| Sie erhalten schriftliches und detailliertes Informationsmaterial. | | | |
| Sie werden nach Ihren Bedürfnissen und Problemen befragt. | | | |
| Sie werden nach Ihren Erwartungen und Wünschen befragt. | | | |
| Die Finanzierung wird Ihnen verständlich erläutert. Sie erfahren, wie viel sie selbst zuzahlen müssen. | | | |
| Alle schriftlichen Unterlagen sind gut leserlich und verständlich. | | | |

| Fragestellung | Trifft zu | Trifft nicht zu | Bemerkungen |
| --- | --- | --- | --- |
| Alle Leistungen werden Ihnen mit Preisen genau erklärt und schriftlich vereinbart. | | | |
| Der Vertrag wird zum Lesen und Überprüfen ausgehändigt. Sie erhalten auf Wunsch eine Bedenkzeit von ein bis zwei Tagen, bevor Sie unterschreiben, um Angebote vergleichen zu können. | | | |
| Es wird Ihnen eine Ansprechperson und die Erreichbarkeit genannt. | | | |
| *Leistungen* | | | |
| Der Pflegedienst bietet ein umfassendes Hilfeangebot (Pflege, 24-Stunden-Rufbereitschaft, Essen auf Rädern...) oder vermittelt diese Hilfsangebote für pflegende Angehörige, z. B. Pflegekurse, Anleitung | | | |
| Erfragen Sie die Leistungen zu besonderen Zeiten (nachts, feiertags ...) | | | |
| Das persönliche Umfeld wird besichtigt, respektiert und bei Bedarf werden Vorschläge zur Wohnungsanpassung oder zur Anschaffung von Pflegehilfsmitteln gemacht. | | | |

| Fragestellung | Trifft zu | Trifft nicht zu | Bemerkungen |
|---|---|---|---|
| *Pflege und sonstige Betreuung* | | | |
| Gibt es eine feste Bezugsperson für die Pflege? | | | |
| Werden die Pflegemitarbeiter regelmäßig weitergebildet? | | | |
| Können feste Pflegezeiten vereinbart werden? | | | |
| Werden Informationen bei Veränderungen oder Schwankungen der Einsatzzeit weitergegeben? | | | |
| Wünsche hinsichtlich der Pflegeperson (z. B. Geschlecht) können geäußert werden und werden wenn möglich berücksichtigt. | | | |
| Werden Tätigkeiten der Behandlungspflege (ärztlich verordnet) von examinierten Pflegekräften durchgeführt? | | | |
| *Pflegevertrag* | | | |
| Hat der Pflegedienst Verträge mit den Kranken- und Pflegekassen? | | | |
| Werden Leistungen und Kosten transparent und verständlich aufgelistet? | | | |

| Fragestellung | Trifft zu | Trifft nicht zu | Bemerkungen |
|---|---|---|---|
| Wird auf Wunsch eine Kopie der Abrechnung mit der Kranken- und Pflegekasse zur Verfügung gestellt? | | | |
| Ist der Pflegevertrag für Sie jederzeit kündbar? | | | |

Wie bei jedem Vertrag haben Sie die Möglichkeit, innerhalb von vierzehn Tagen ohne Angabe von Gründen vom Vertrag zurückzutreten. Diese ersten vierzehn Tage sollten Sie also als Probezeit nutzen, um zu überprüfen, ob der Pflegedienst ihren Erwartungen entspricht und ihre persönlichen Bedürfnisse berücksichtigt. In dieser Zeit haben Sie die Chance, die Pflegequalität und die Organisation des Pflegedienstes zu beurteilen.

| Fragestellung | Trifft zu | Trifft nicht zu | Bemerkungen |
|---|---|---|---|
| *Pflege und Versorgung* | | | |
| Die Pflegeperson geht auf Ihre Fragen ein und berücksichtigt Ihre Wünsche. | | | |
| Pflegehandlungen werden begleitend erklärt. | | | |
| Sie selbst und Ihre Angehörigen werden angeleitet, soweit sie mithelfen können und wollen. | | | |

| Fragestellung | Trifft zu | Trifft nicht zu | Bemerkungen |
|---|---|---|---|
| Sie erhalten ausreichend Beratung in Problemlagen (Notwendigkeit ergänzender Hilfen, Beantragung von Pflegehilfsmitteln, Finanzierungsfragen …) | | | |
| Sie erhalten Unterstützung bei Formalitäten zu ärztlichen Verordnungen für Behandlungspflege. | | | |
| Wird die Pflege so gestaltet, dass vorhandene Fähigkeiten gefördert werden? (Waschen, Anziehen, Gehen) | | | |
| Werden Sie oder Angehörige bei der Pflegeplanung miteinbezogen? Werden Ihre Wünsche und Bedürfnisse erfragt und berücksichtigt? | | | |
| Wird das Essen appetitlich angerichtet? | | | |
| *Freundlichkeit und Umgang* | | | |
| Sie werden mit Ihrem Namen angesprochen. | | | |
| Pflegekräfte sind freundlich, zugewandt und geduldig. | | | |
| Fremde Pflegepersonen können sich ausweisen. | | | |

| Fragestellung | Trifft zu | Trifft nicht zu | Bemerkungen |
|---|---|---|---|
| Ihre Wohnung oder Schlafzimmer wird so betreten, wie Sie es vereinbart haben (Klingeln, Klopfen etc.). | | | |
| Die Kleidung der Pflegepersonen ist sauber und angemessen. Schmuck, lange Fingernägel und offene Haare werden vermieden. | | | |
| Pflegende riechen nicht nach Rauch. | | | |
| Pflegepersonen sprechen Ihnen zugewandt und halten Blickkontakt. | | | |
| Eine sprachliche Verständigung ist gewährleistet, auch bei ausländischen Pflegekräften. | | | |
| *Organisation* | | | |
| Die erbrachten Leistungen werden noch am gleichen Tag in den Leistungsnachweis eingetragen und Ihnen auf Nachfrage erklärt. | | | |
| Sie erhalten schriftliche Informationen zu eingesetzten Pflegepersonen und zur Erreichbarkeit. | | | |
| Bevollmächtigte, Angehörige oder Betreuer werden auf Ihren Wunsch hin informiert und in Absprachen einbezogen. | | | |

| Fragestellung | Trifft zu | Trifft nicht zu | Bemerkungen |
|---|---|---|---|
| Abrechnungen erfolgen jeweils im Folgemonat. Sie sind verständlich und nachvollziehbar. | | | |
| Sie erhalten Kopien der Leistungsnachweise und Abrechnungen, die an die Kasse geschickt werden. | | | |
| Für Beschwerden wird Ihnen ein Ansprechpartner genannt. Es werden Lösungen gesucht und Vereinbarungen getroffen. Das Ergebnis wird überprüft. | | | |

## Adressen

### Pflegestützpunkte

Im Zuge der Pflegeversicherungsreform werden ab 2009 auf Antrag der Länder wohnortnah sogenannte Pflegestützpunkte entstehen. Dort werden Pflegebedürftige und ihre Angehörigen über die verschiedenen Möglichkeiten und Angebote in ihrem Umkreis beraten, sodass die zielgerichtete Unterstützung jedes Einzelnen möglich ist. Die Mitarbeiter, sogenannte Pflegemanager, führen Sie durch den „Pflegedschungel" und finden gemeinsam mit Ihnen eine auf Ihre individuellen Bedürfnisse zugeschnittene Lösung.

Über die Einführung eines Pflegestützpunktes in Ihrer Nähe

können Sie sich bei Ihrer zuständigen Pflegekasse oder bei der nächstgelegenen Seniorenberatungsstelle informieren.

### Pflegekassen

Die hier aufgelisteten großen Bundesverbände der Kranken-/Pflegekassen geben für ihre Versicherten Informationsmaterialien zum Thema Pflege heraus. Außerdem können Sie sich dort über Ansprechpartner in Wohnortnähe informieren. Wer gegen eine Entscheidung der Pflegekasse Widerspruch einlegen will, muss diesen an die örtliche Niederlassung richten.

Bei Ihrer Kasse in Wohnortnähe gibt es auch Übersichten über lokale und regionale Anbieter von Pflegedienstleistungen.

AOK-Bundesverband
Kortrijker Straße 1
53177 Bonn
Telefon: 02 28/8 43-0, Fax: 02 28/8 43-502
www.aok-bv.de

Arbeiter-Ersatzkassen-Verband e. V.
Frankfurter Straße 84
53721 Siegburg
Telefon: 02 2 41/1 08-0, Fax: 02 2 41/1 08-2 48
www.vdak-aev.de

Deutsche Rentenversicherung Knappschaft – Bahn – See
Pieperstraße 14–28
44789 Bochum
Telefon: 02 34/3 04-0
www.bundesknappschaft.de

Bundesverband der Betriebskrankenkassen
Kronprinzenstraße 6
45128 Essen
Telefon: 02 01/1 79-01, Fax: 02 01/1 79-10 00
www.bkk.de

Bundesverband der Innungskrankenkassen
Friedrich-Ebert-Straße (Technologie-Park)
51429 Bergisch Gladbach
Telefon: 0 22 04/44-0, Fax: 0 22 04/44-1 85
www.ikk.de

Bundesverband der landwirtschaftlichen Krankenkassen
Weißensteinstraße 70–72
34131 Kassel
Telefon: 05 61/93 59-0, Fax: 05 61/93 59-2 05
www.lsv.de

See-Krankenkasse
Reimerstwiete 2
20457 Hamburg
Telefon: 0 40/36 13 70, Fax: 0 40/36 13 77 70
www.see-bg.de

Verband der Angestellten-Krankenkassen e. V.
Frankfurter Straße 84
53721 Siegburg
Telefon: 0 22 41/1 08-0, Fax: 0 22 41/1 08-2 48
www.vdak.de

## Internet

Im Internet gibt es entsprechende Seiten, mit denen man nach einem Pflegeheimplatz in der Nähe suchen kann. Zum Teil sind die Anbieter gewerblich orientiert, sodass die Heime für einen entsprechenden Eintrag zahlen müssen und auch nicht alle Heime in einer Region vertreten sind. Entsprechende Seiten auf den Homepages der Städte sind meist nicht kommerziell und bieten daher einen besseren Überblick.

Allerdings verfügt nicht jede Stadt bzw. Kommune über einen solchen Service.

Bundesweite Suchseiten
(die Auswahl stellt keine Bewertung dar):
www.aok-pflegeheimnavigator.de
www.kliniken.de
www.pflegeheim.de
www.altenheim-adressen.de
www.seniorplace.de

## Arbeitskräftevermittlung

Zentrale Auslands- und Fachvermittlung (ZAV) in Bonn
Telefon 02 28/713 14 14
oder per Mail:
ZAV-Bonn.Haushaltshilfen@arbeitsagentur.de

Agentur für Arbeit
www.arbeitsagentur.de
Dort klicken Sie unter: Bürgerinnen & Bürger › Arbeit und Beruf › Vermittlung › Haushaltshilfen

## Ministerien

Das Bundesgesundheitsministerium gibt zahlreiche kostenlose Broschüren zum Thema »Pflege« heraus. Viel Wissenswertes findet sich auch auf den Internetseiten unter www.bmg.bund.de.

Auch die Sozial- und Gesundheitsministerien der einzelnen Bundesländer geben oftmals Ratgeber heraus und haben weiterführende Informationen auf ihren Internetseiten.

Bundesministerium für Gesundheit
Am Probsthof 78a, 53121 Bonn
Telefon: 0 18 88/4 41-0, Fax: 0 18 88/4 41-49 00
www.bmg.bund.de

Bundesministerium für Arbeit und Soziales
Mohrenstraße 62, 10117 Berlin
Telefon: 0 18 88/5 27-0, Fax: 0 1888/5 27-18 30
www.bmas.bund.de

Das Bundesjustizministerium hat ausführliche Informationen zum Thema Patientenverfügung zusammengestellt. Im Internet gibt es die komplette Broschüre oder Textbausteine unter www.bmj.bund.de. Die Broschüre kann auch per Post geordert werden:

Bundesministerium der Justiz
Mohrenstraße 37, 10117 Berlin
Telefon: 0 30/1 85 80-0,
Fax: 0 30/1 85 80-95 25

## Interessenverbände

Die folgenden Interessenverbände und Selbsthilfegruppen bieten für ihre jeweilige Zielgruppe beziehungsweise für ihre Mitglieder zum Teil umfangreiche Beratung und Informationen rund um Fragen zur Pflege an.

BAGSO
Bundesarbeitsgemeinschaft der Senioren-Organisationen
Eifelstraße 9, 53119 Bonn
Telefon: 02 28/24 99 93-0, Fax: 02 28/24 99 93-20
www.bagso.de

BIVA
Bundesinteressenvertretung der Altenheimbewohner
Vorgebirgsstraße
53913 Swisstal-Heimersheim
Telefon: 0 22 54/70 45, Fax: 0 22 54/7046
www.biva.de

Bundesarbeitsgemeinschaft Selbsthilfe e. V.
Kirchfeldstraße 149, 40215 Düsseldorf
Telefon: 02 11/3 10 06-0, Fax: 02 11/310 06-48
www.bagh.de

Bundesverband für Körper- und Mehrfachbehinderte e. V.
Brehmstraße 5–7, 40239 Düsseldorf
Telefon: 02 11/6 40 04-0, Fax: 02 11/64004-20
www.bvkm.de

Bundesvereinigung Lebenshilfe für Menschen mit geistiger Behinderung e. V.
Raiffeisenstraße 18, 35043 Marburg
Telefon: 0 64 21/4 91-0, Fax: 0 64 21/4 91-167
www.lebenshilfe.de

Reichsbund der Kriegsopfer, Behinderten, Sozialrentner und Hinterbliebenen e. V.
auch:
Sozialverband Deutschland e. V.
Stralauer Straße 63, 10179 Berlin
Telefon: 0 30/72 62 22-0, Fax: 030/72 62 22-3 11
www.reichsbund.de

Deutsche Alzheimer Gesellschaft
Friedrichstraße 236, 10969 Berlin
Telefon: 0 30/2 59 37 95 – 29
www.deutsche-alzheimer.de

(Weiterführende Informationen zu Selbsthilfegruppen und Beratungsstellen in Ihrer Nähe sowie Versand von Informationsmaterial)

Freunde alter Menschen e. V.
Kurt-Schumacher-Straße 20-22, 55124 Mainz
Telefon 0 61 31/ 9 43 43 – 51
www.freunde-alter-menschen.de
(spezialisiert auf Wohngemeinschaften für Demente)

## Fachinformationen

Wenn Sie sich intensiver mit der Pflegeversicherung auseinandersetzen wollen, erhalten Sie hier weitergehende Fachliteratur und Hinweise:

Deutsches Zentrum für Altersfragen e.V.
Manfred-von-Richthofen-Straße 2, 12101 Berlin
Telefon: 0 30/2 60 74 00, Fax: 0 30/7 85 43 50
www.dza.de

Kuratorium Deutsche Altershilfe e. V.
An der Paulskirche 3, 50677 Köln
Telefon: 02 21/9 31 84 70, Fax: 02 21/9 31 8476
www.kda.de

## Wohlfahrtsverbände

Die Wohlfahrtsverbände bieten ambulante und stationäre Pflegeeinrichtungen an. Hier gibt es auch Adressen von verbandsangehörigen Pflegedienstanbietern in Ihrer Nähe. Einige Verbände geben auch Informationsmaterialien heraus und bieten Beratung an.

Arbeiterwohlfahrt Bundesverband e. V.
Oppelner Straße 130, 53119 Bonn
Telefon: 02 28/66 85-0, Fax: 02 28/66 85-2 09
www.awo.org

Bundesarbeitsgemeinschaft der Freien Wohlfahrtspflege e. V.
Oranienburger Straße 13–14, 10178 Berlin
Telefon: 0 30/2 40 89-0, Fax: 0 30/2 4089-134
www.bagfw.de

Deutscher Caritasverband
Karlstraße 40, 79104 Freiburg
Telefon: 07 61/2 00-4 18, Fax: 07 61/2 00-5 41
www.caritas.de

Deutscher Paritätischer Wohlfahrtsverband
Gesamtverband e. V.
Oranienburger Straße 13–14, 10178 Berlin
Telefon: 0 30/2 46 36-0, Fax: 0 30/2 46 36-110
www.paritaet.org

Deutsches Rotes Kreuz Generalsekretariat
Carstennstraße 58, 12205 Berlin
Telefon: 0 30/8 54 04-0, Fax: 0 30/8 54 04-4 50
www.rotkreuz.de

Diakonisches Werk EKD e. V.
Stafflenbergstraße 76, 70184 Stuttgart
Telefon: 07 11/21 59-0, Fax: 07 11/21 59-2 88
www.diakonie.de

Zentralwohlfahrtsstelle der Juden in Deutschland e. V.
Hebelstraße 6, 60318 Frankfurt/Main
Telefon: 0 69/9 44 37-10, Fax: 0 69/49 48 17
www.zwst.org

## Private Anbieterverbände

Anbieter von Pflegedienstleistungen haben sich zum Teil in privaten Anbieterverbänden zusammengeschlossen. Hier bekommen Sie ebenfalls Adressen von Mitgliedern in Wohnortnähe.

Arbeitgeber- und Berufsverband privater Pflege (ABVP) e. V.
Roscherstraße 133
30161 Hannover
Telefon: 05 11/3 38 98-0, Fax: 05 11/3 38 98-98
www.abvp.net

Bundesverband Ambulanter Dienste (BAD) e. V.
Krablerstraße 136
45326 Essen
Telefon: 02 01/35 40 01, Fax: 02 01/35 81 79
www.bad-ev.de

Bundesverband privater Anbieter sozialer Dienste (bpa) e. V.
Hannoversche Straße 19
10115 Berlin
Telefon: 0 30/30 87 88-60, Fax: 0 30/30 87 88-89
www.bpa.de

Verband Deutscher Alten- und Behindertenhilfe e. V. (VDAB)
Im Teelbruch 132
45219 Essen
Telefon: 0 20 54/95 78 10, Fax: 0 20 54/95 78 40
www.vdab.de

## Wohnraumberatung und Wohnraumanpassung

Eine Beratung zur Wohnraumanpassung kann hilfreich sein, um die selbstständige Lebensführung zu unterstützen, die Pflege zu erleichtern oder den Umzug in ein Pflegeheim zu vermeiden. Adresslisten bzw. direkte Beratung sind bei den folgenden Anbietern zu bekommen:

Bundesarbeitsgemeinschaft Wohnungsanpassung e. V.
c/o Koordinierungsstelle rund ums Alter
Mühlenstraße 48
13187 Berlin
Telefon: 0 30/47 53 1719, Fax: 0 30/47 53 18 92
versand@wohnungsanpassung.de
www.wohnungsanpassung.de

Barrierefrei leben e.V.
Richardstr. 45
22081 Hamburg
Telefon 0 40/2 99 95 60
www.barrierefrei-leben.de

## Verbraucherzentralen

Die Verbraucherzentralen bieten ebenfalls Wohnraumberatung an und halten allgemeine Informationen zum Thema Pflege bereit. Sie erreichen alle deutschen Verbraucherzentralen über die gemeinsame Internet-Adresse www.verbraucherzentrale.de

# Glossar

*Altenpflegeeinrichtung*
Siehe Pflegeheim

*Ambulanter Pflegedienst*
Professionelle Pflegekräfte, die die Pflege und Betreuung im häuslichen Bereich übernehmen.

*Betreuungsbetrag*
Für zusätzliche Betreuungsleistungen für Pflegebedürftige mit erheblichem Betreuungsbedarf

*Betreuung, rechtliche*
Menschen, die nicht mehr oder nur teilweise in der Lage sind, ihre Angelegenheiten selbst zu regeln, bekommen einen Betreuer nach dem Betreuungsgesetz. Der Betreuer wird vom Vormundschaftsgericht bestellt. Oft übernehmen Angehörige oder Freunde die Betreuung. Mit einer Betreuungsverfügung kann man selbst festlegen, welche Personen die rechtliche Betreuung übernehmen sollen, falls man selbst nicht mehr dazu in der Lage ist. Der Betreuer vertritt die Person nur in bestimmten, vom Gericht festgelegten Aufgabenbereichen, z. B. finanziellen Angelegenheiten. Auskünfte erteilen Betreuungsstellen, Betreuungsvereine, Rechtsanwälte oder Notare.

*Bezugspflege*
Eine Pflegekraft ist kontinuierlich für eine Gruppe von Pflegebedürftigen zuständig.

*Ersatzpflege*
Leistung bei häuslicher Pflege, wenn die ehrenamtliche Pflegeperson ausfällt.

*Häusliche Pflege*
Siehe ambulante Pflege

*Heimaufsicht*
Behörde, die eine beratende Funktion für die Pflegeeinrichtungen und die Pflegebedürftigen sowie die Angehörigen übernimmt. Daneben kontrolliert sie die Pflegeeinrichtungen regelmäßig, ob die jeweiligen Gesetze eingehalten werden.

*Kombinationsleistungen*
Pflegesachleistungen und Pflegegeld werden anteilig kombiniert.

*Kurzzeitpflege*
Sie soll die pflegerische Versorgung sichern, wenn der Pflegebedürftige im häuslichen Bereich vorübergehend nicht betreut werden kann.

*Medizinischer Dienst der Krankenkassen*
Er ist für die Beratung der Pflegebedürftigen zuständig und erstellt Gutachten zur Einstufung. Ebenso übernimmt er Qualitätskontrollen der ambulanten Pflegedienste sowie der Pflegeheime.

*Patientenverfügung*
Verfügung, die der Betreffende hinsichtlich seiner medizinischen Behandlung, der Behandlungsbegrenzung (z. B. keine

Wiederbelebungsmaßnahmen oder lebensverlängernden Maßnahmen etc.) und seiner Pflege bei schwerer und aussichtsloser Erkrankung macht.

*Pflegeheim*
Wohnform für Menschen, die wegen Krankheit, Alter oder Behinderung dauerhaft auf Hilfe und Pflege angewiesen sind.

*Pflegehilfsmittel und technische Hilfsmittel*
Sächliche Hilfen bei der Pflege

*Pflegekurse*
Zur Stärkung der häuslichen Pflege bei ehrenamtlicher Pflege

*Pflegeversicherung*
Seit 1996 bzw. 1995 bestehende Sozialversicherung, durch die Pflegebedürftige Zuschüsse zur Bezahlung der Pflege im häuslichen Bereich oder in einem Pflegeheim erhalten. Für das Jahr 2008 ist eine Reform der Pflegeversicherung geplant, um Leistungen für die Pflegebedürftigen zu verbessern.

*Pflegestufen*
Bevor Leistungen der Pflegeversicherung gewährt werden, ist eine Einstufung notwendig. Es gibt drei Pflegestufen und eine Härtefallstufe, bei denen der Pflegeaufwand genau definiert ist.

*Pflegebedürftigkeit*
Nur wenn eine Pflegebedürftigkeit vorliegt, zahlt die Pflegeversicherung. Personen, die einen Bedarf unterhalb des gesetzlichen Pflegebedürftigkeitsbegriffes haben, erhalten demnach keine Leistungen.

*Pflegegeld*

Es wird bei häuslicher Pflege an den Pflegebedürftigen gezahlt, wenn dieser keine professionelle Hilfe in Anspruch nimmt, sondern die Hilfe durch ehrenamtliche Pflegepersonen selbst organisiert.

*Pflegekasse*

Organisation der jeweiligen Krankenkasse, die für die Beantragung und Auszahlung der Leistungen zur Pflegeversicherung zuständig ist.

*Pflegesachleistungen*

Pflegesachleistung bedeutet Pflege durch professionelle Pflegekräfte.

*Soziale Sicherung der Pflegeperson*

Ergänzende Leistungen für ehrenamtliche Pflegepersonen

*Sozialstation*

Siehe ambulanter Pflegedienst

*Tages- oder Nachtpflege*

Teilstationäre Pflege, d. h. zeitweise Pflege in einer Einrichtung durch professionelle Pflegekräfte. Diese kann stunden- oder tageweise erfolgen. Teilstationäre Pflege dient der Entlastung der Pflegeperson, etwa wenn diese berufstätig ist oder nicht rund um die Uhr für den Pflegebedürftigen sorgen kann.

*Vollstationäre Pflege*

Pflege in einem Pflegeheim, in dem der Pflegebedürftige dauerhaft lebt.

*Vorsorgevollmacht*

Sie regelt, wer Entscheidungen treffen bzw. den Betroffenen vertreten soll, wenn dieser nicht mehr selbstständig entscheiden kann. Im Rahmen einer Vorsorgevollmacht kann z. B. bestimmt werden, wer die Betreuung übernehmen soll.

# Kurzbiografie der Autorin

*Mona Schöffler,* Diplom-Oecotrophologin und Gesundheitswissenschaftlerin. Sie arbeitet seit 2001 als selbstständige Beraterin, Dozentin und Fachautorin. Ihre Themenschwerpunkte sind Öffentlichkeitsarbeit und Konzeptberatung für soziale Einrichtungen. Sie lebt und arbeitet in Berlin.